14歳の世渡り術
WORLDLY WISDOM FOR 14 YEARS OLD

ネットでいじめられたら、どうすればいいの？

5人の専門家と処方箋を考えた

春名風花

河出書房新社

ネットでいじめられたら、どうすればいいの?——5人の専門家と処方箋を考えた　もくじ

第1章

いじめの根底にあるもの

ミュージシャン　篠塚将行《しのづかまさゆき》さんと話す　15

第2章

一人で抱《かか》えないために

第3章

どんな解決策がある？

いじめ探偵《たんてい》 阿部泰尚《あべひろたか》さんと話す 95

第4章

法律は守ってくれる？

第5章

心の傷はいつか癒《い》える？

はじめに

朝、目が覚めるのが怖《こわ》かった。もしかしたら今日こそ、世界中の人から嫌《きら》われているぼくのことを、父や母も嫌いになってしまったかもしれない。

のろのろとリビングに向かうと、いつも通りあたたかな食事と、母の快活な挨拶《あいさつ》と、父のほほえみがあった。

よかった。まだ、生きていていいみたいだ。

弟が、目玉焼きは苦手だとぼくのお皿に載《の》せてきた。

朝食の目玉が二つ揃《そろ》って、曲がったソーセージと相まって巨大《きょだい》な顔のように思えた。

手元に握《にぎ》りしめていた携帯《けいたい》は、頻繁《ひんぱん》に通知で震《ふる》えていた。

ほとんどが、ぼくの死を願っている言葉だ。

わざわざ殺害予告を知らせてくる携帯を開き、深呼吸をして、X（当時はTwitter）の〝はるかぜちゃん〟のアカウントに「おはよう！」と書き込《こ》んだ。画面の向こうの見知らぬ人からすぐに、何件もの挨拶が届いた。

「はるかぜちゃんおはよう！」「学校行ってらっしゃい」「早起きえらい」「いい1日を〜！」。

一気に賑《にぎ》やかになったリプライ欄《らん》を読んで、思わず頰《ほお》が緩《ゆる》んだ。

大丈夫《だいじょうぶ》。今日もぼくには支えてくれる人がいる。

世界はこんなにも優しい。ぼくは幸せものだ。

あらかた返信を終えたあと、携帯を閉じ、ランドセルを背負って、玄関《げんかん》の扉《とびら》を開けた。ちょうど家の前を通りかかった男性と目が合って、一瞬《いっしゅん》、呼吸が止まった。

大丈夫。あの人はきっと、殺害予告をしてきた人なんかじゃない。笑顔をつくって振《ふ》り返って、家の中に向かって大きな声で叫《さけ》んだ。「いってきまーーーす!!!」

さっき、画面の中に見えた、「ブス」「死ね」「キモいやつ見つけたw」といった言葉の残像を振り切るように、通学路の坂道を全速力で駆《か》け下りた。

これが、常に誹謗《ひぼう》中傷されていた小学4年生から6年生の頃《ころ》のぼくの日常の一部だ。ぼくだけではなく、芸能活動をしている人は大人も子どもも関係なく、言葉の刃《やいば》を向けられた経験があるのだろうと思う。

目が覚めてから夜眠《ねむ》るまで、人と会うたびに怯《おび》えていた。

玄関から一歩踏《ふ》み出すとき。教室のドアを開けるとき。仕事で遅刻《ちこく》したあとなんかは最悪だ。

授業中のみんなの背中をうかがいながら、そっと開けたはずなのに、ドアが思ったよりもガラガラと大きな音を立ててしまって、教室内の全員の目が一斉《いっせい》にバッとぼくを見つめる瞬間《しゅんかん》。

あの嫌われものの春名風花が来たと思われているんじゃないだろうか。

今日の休み時間は、みんなであの画面にあったような陰口《かげぐち》を楽しそうに話していたんじゃないだろうか。

そんな被害妄想《ひがいもうそう》じみた考えが、一瞬で脳内を駆け巡《めぐ》るからだ。

まだ、自分で人生を選べる年齢《ねんれい》にもなっていないのに、ぼくの頭の中ではいつも、生と死がせめぎ合っていた。

この本を手に取ってくれたみんなは、どうだろうか。

きみもあの頃のぼくと同じように、一人で泣いているんだろうか。

ぼくは周りの人に恵《めぐ》まれていたと思う。

それでも、誰《だれ》かから強く「死」を望まれているという事実だけで、すべての愛情を素直に受け取れなくなってしまった。

何度も、生きていてごめんなさいという気持ちで泣いたし、その涙《なみだ》は誰にも見せることができずに、強くて明るい〝はるかぜちゃん〟でいられるように笑った。

ぼくですらこんなにも惨《みじ》めな気持ちだったのに、実際の学校やコミュニティの中でいじめられている子は、どれだけ孤独《こどく》で、痛かったんだろうか。

SNS、学校でのトラブル、家族との関係性。人によってさまざまな悩《なや》みがあると思う。それらの中でもこの本では主に、SNSを通してやってくる、顔の見えない相手からの中傷などにどう対処するべきなのかを考えていく。それらは24時間、365日やってくることだってある。

闘《たたか》う方法や心の守り方などをさまざまな専門家に教えてもらって、いろんな状況《じょうきょう》で暮らしているみんなの生きていくヒントになるような情報をいっぱいにつめ込んだ内容にしたつもりだ。

でも、伝えたいのは知識だけじゃない。

この本を読んでくれているきみの幸せを願っている大人が、たくさんいる。
きみのそばにも、きっといる。
いないなら、ぼくが願う。強く、強く、願っている。
明日も生きていてほしい。
それをどうか、忘れないで。

第1章

いじめの
根底にあるもの

ミュージシャン
篠塚将行さんと話す

篠塚将行《しのづかまさゆき》さんのこと

「それでも世界が続くなら」という、ちょっと変わった名前のバンド、知っている人も多いんじゃないかな。ぼくは彼《かれ》らの曲が大好きで、中でも「参加賞」と「水色の反撃《はんげき》」は、もう何度聴《き》いたかわからないくらい!!

篠塚将行さんは、このバンドのボーカル&ギターであり、楽曲の作詞作曲も手がけているミュージシャンなんだ。篠塚さんの曲には、いじめや虐待《ぎゃくたい》をテーマにしたものが多い。それらは、小学生のときにはじまって高校まで続いたという、自身のいじめ被害《ひがい》の経験がもとになっているんだ。たくさん傷ついて、たくさん苦しんできた篠塚さんの音楽は、聴く人に何かを押《お》しつけたりしないし、何かをわかったふりもしない。だからだろうか、どの曲も、不思議と優しく耳に届く。

この本では、いろんな立場の方のお話を聞きながら、SNSいじめの具体的な解決策を探《さぐ》っていくつもりだ。でも、ぼくたちが向き合おうとしている「いじめ」というものの根底を見つめるために、まずは、篠塚さんと語り合うところからはじめたいと思う。

実は、篠塚さんとは何度かお会いしたことがあって、そのたびに一緒《いっしょ》にいると落ち着くなあ、と感じていた。その理由はたぶん、過去につらい体験をしたという共通点があるから。やっぱり、自分と近い経験を持つ人のほうが話しやすいっていうのは、あるよね。

それからもう一つ、篠塚さんが、胸の内にあるはずの憤《いきどお》りや悔《くや》しさを誰《だれ》かにぶつけようとしていないからだと思う。篠塚さんは、かつて自分にひどいことをした人たちを恨《うら》むんじゃなくて、今、自分のようにひどいことをされている人たちのために考え続けている。そんな篠塚さんの言葉が、みんなの生き延びるヒントになったなら、うれしい。

ただ、わかろうとしてほしかった

春名　篠塚さんは、いじめや虐待をテーマにした曲を発表し続けていますね。ご自身がいじめの被害にあっていたときのことで、覚えていることはありますか？

篠塚　僕《ぼく》がいちばんいじめられていたのは小学校から中学まででした。当時のことを思い出すといろいろ浮《う》かぶんですけど、目立たないように苦労したことですかね。例えば登校とか。小学校2年生くらいからは、もうずっと朝が起きられなくて。母親が教師だったこともあり、自分がいじめられてるとはいえなかったので、どんな状況《じょうきょう》でも学校には行かなきゃとは子どもながらに思っていたんですけど、それでも体が全然動かなくて。

ほら、いじめられていると、何かにつけて冷やかしの対象になるじゃないですか。早く着いても、遅刻《ちこく》しても、どっちにしても目立ってしまう。そうやってちょっと目立つだけで、いじられたり、結果的に殴《なぐ》られたりもするから、早く着いたときは時間をつぶして、でも遅刻はしないように。極力目立たないタイミングで教室に入るようにしていました。

春名　そのときの気持ちも覚えていますか？

篠塚　何といえばいいのか……ずっと頭が重かった感じです。「重い」という表現がぴったりかどうかわからないですが、体も心も重くて、何も考えられない状態でした。頭が回っていないというか、思考停止しているというか。例えば誰かに「助けてくれ」っていえたらよかったとか、今なら思わなくもないんですけど、当時は「苦しい」ってことが僕にとっての普通《ふつう》だったから、自分では気づけなかった部分もたくさんあったと思うし……当たり前に「死のう」と考えたこともありました。でも、あの頃《ころ》の気持ちに戻《もど》りたいとは思わないので、今思えば、つらかったんだと思います。

何ていうか……今になって当時の気持ちを言語化しようとすると、嘘《うそ》になってしまう気がするんですよね……たぶん、経験した人、傷ついた人にしかわからないことってあるんだと思う。うまく言葉にできないですね。

春名　それが怒《いか》りの感情だったら、頭にカッと血が上っていく感じだと思うんですけど、本当に心が沈《しず》んでいるときって、そうはならないですよね。ぼくは、SNSの誹謗《ひぼう》中傷にさらされていたとき、心臓がお腹のほうにあるみたいでした。息をしている感覚すらなくなってしまって。

篠塚　感覚がおかしくなる感じ、僕もありました。ほんの一瞬《いっしゅん》なのに長い時間が経《た》ったように感じたり、逆に、長い時間が経っているのにほんの一瞬に感じたり。まだ小学生だったから、「時間がワープした」くらいに思っていましたね。きっと、正常な感覚ではなかったんだと思います。

あのときは、怒りに昇華《しょうか》することすら難しかったんだと思いますね。よく、「怒りは二次感情だ」といわれますけど、怒りというのは、悲しみとか不安とか、恐怖《きょうふ》とか後悔《こうかい》とか、いろいろな感情が混ざり合って、そのあとにはじめて生じるものらしいので、昇華できない感情が心の底に溜《た》まっていたんだと思います。その重たい感覚に支配されていて、時間の感覚がおかしいだけじゃなく、お腹も空《す》かなかったですから。

春名　いじめ被害には、殴る蹴《け》るの暴力によるダメージもあれば、悪意のある言葉による精神的なダメージもあります。篠塚さんは、何がいちばんつらかったですか？

篠塚　僕はどれもあったんですけど、どれもみんな悲しかったですね。だけど、特につらかったのは、恥《はじ》をかかされることでした。まあ、あえて比べるなら、ですけど。

　肉体的なダメージは、もちろん痛いしつらいんですけど、一瞬のことだし、ある意味でわかりやすいんですよね。明らかに怪我《けが》をしているときは、追い討《う》ちをかけられにくいというか、攻撃《こうげき》されにくくなりますし。変な話ですが、暴力に耐《た》えている自分に対して、ヒロイズムのようなものに浸《ひた》って相手を恨んだり自分を守ったりすることもできましたから。

　でも、恥をかかされるというのは、自分を守りようがないんです。例えば、クラスに気になる子がいたとして、その子やみんなの前でバカにされるとか。「俺《おれ》たちは人間だけど、お前は人間以下だよね」というニュアンスで笑われたり、物理的に恥をかかされたりして、対等に扱《あつか》われないことが日常化していくと、だんだん、自分の尊厳がなくなっていく。そういう感じがつらかったです。

春名　例えば、人前で「服を脱《ぬ》げ」と命令されて、それに従うしかなかったとしても、「自分がそうしてしまった」と思ってしまうんですよね。

篠塚　そうですよね。強要されただけのはずなのに、自分はそんなことをする恥《は》ずかしい人間だ、と自分自身を責めてしまうんですよね。そういう心の傷は、生《お》い立ちや教育レベルで根深く刻まれてしまって、どれだけ時間が経ってもなかなか消えないものだと思います。今でも自分に対する評価は、あの頃ほどではないにしろ、低いままですから。

春名　先生たちは、篠塚さんの状況に気づいていたんでしょうか？

篠塚　今思えば、気づいていたんだと思います。だって、歯を折られたりしていましたからね。普通に考えて、わかるはずですから。でも、あのときの僕は、先生が気づいているかどうかすら、気にする余裕《よゆう》がなかったです。

一度だけ、先生が僕の目の前に僕をいじめていた子を連れてきて「君はやられたのか？」と聞いてきたこともありましたけど、いじめをする側って基本的にコミュニケーション能力の高い子が多いので、「僕らは一緒に遊んでいただけです」みたいな空気に持っていくんです。そのときに僕が「違《ちが》う」といえればよかったんでしょうけど、それが目の前でいえるなら、そもそもいじめられてなかったかもしれないわけで。当たり前のことですけど、いじめている奴《やつ》らの前で「君はやられたのか？」って問いつめられたら、そりゃ、「遊んでいただけです」って答えちゃいますよ。そのあとに何が待ってるのか、怖《こわ》すぎて。ああいう聞き方はやめてほしかった。

春名　ぼくは、SNSのDM（ダイレクトメール。特定の相手やグループに対して、非公開のメッセージを送る機能）でいじめの相談を受けることがあるんです。きっと、現実世界で会うことがないとわかっているから、ぼくに本当のことを話してくれるんだと思います。篠塚さんは、どんな人だったら、あるいはどんな接し方をする人だったら、本当のことを話せたと思いますか？

篠塚　うーん、そうだなあ……。いじめられていた頃、あるとき一人で校庭にいたことがあったんですね。一度だけ、今までまったく接点のなかった女の子が、「大丈夫《だいじょうぶ》？」と声をかけてくれて。できごととしてはそれだけなんですけど、自分では平気なつもりだったのに、声をかけられた瞬間《しゅんかん》に、なぜか涙《なみだ》が止まらなくなって。あのときどうして泣いてしまったのか、自分でもよくわからないんだけど、そのことだけは鮮明《せんめい》に覚えていて。

いじめられているときや不幸の最中にいるときって、「君を助けたいんだ」「僕が味方になるよ」といわれても、ちっとも響《ひび》かないんですよ。誰も信用できないっていう感覚ももちろんあるし、仮にそれが誰かの本当の優しさから来る言葉だと思えたとしても、この気持ちは誰にもわかってもらえない、伝えたって解決しない、だから話したって意味がない……と思い込《こ》んでるから。でも、あのときの「大丈夫？」だけは、うれしかったんですよね。わかろうとしてくれた姿勢だけがうれしかった。誰もが相手の心はわからないし、本当の意味ではわかり合うことはできないですから。「わかり合う」なんて欲はかかず、ただ、わかろうとしてくれるだけでよかったのかもしれません。

救われる役になりたくない

春名　大人が「助ける」という目的を持って子どもに接するときって、問いつめるような感じになったり、あるいは誘導《ゆうどう》するような感じになったりしがちです。そうではなくて、いわば雑談のような、さりげない声かけのほうが話しやすいのに、と思います。

篠塚　そうですよね。「助けるよ」といわれるより、わかろうとしてくれる姿勢だけで、十分な気がします。

それ以上になってしまうと、逆に、「僕の本当の苦しさなんてわかるはずがないのに」と、拒絶《きょぜつ》したくなってしまいますから。何なら、追い討ちにもなり得る。悲しいのは、わかってもらえないことじゃなくて、わかろうとしてくれないことなんですよ。

あの頃、もし「君の痛みは僕にはわからないし、同じ気持ちになることもできない。それでも知りたいから、教えてくれ」みたいにいってくれる人がいたら、何かが違っていたかもしれないですね。もちろん、最初は突《つ》っぱねてしまうだろうけど、「助けたい」じゃなくて「知りたい」といわれたら、話せたかもしれないです。

春名　つらいことを聞き出そうとするんじゃなくて、何が好きなのかを聞いてほしいですよね。そして、好きなものの話をしながらふと笑えたときに、「いい顔するじゃん」なんていわれたら、うれしいかも。

篠塚　わかるなあ。

当時の僕は、もう死んじゃおうか、と思っていたんですけど、自殺未遂《みすい》のようなことはそんなにたくさんはしなかったんです。もちろん、まったくしなかった、といったら嘘になるけど。じゃあ死にたいくらい苦しいときに、どうして「いや、死なねえよ」と思えたかというと、「あいつらのせいで死ぬなんて、すげえ悔しい」っていう意地があったからなんです。

いじめた奴らへの復讐《ふくしゅう》のつもりで死のうとする子もいるかもしれないけれど、それって全然復讐にならないんですよね。むしろ、いじめた側は、簡単に忘れてしまうから。だから、つらくても、僕は意地でも学校へ行ってましたね。僕の場合は、母親が教師だったっていう状況もあったかもしれないですけど。今も、「僕を排除《はいじょ》しようとした、あいつらの思い通りには死なない」って意地を張り続けている状態なのかもしれません。

そうやって意地を張っているときに、「君は弱いから、助けようか？」みたいな態度で来られたら……やっぱり、意地を張ってしまいますよね。こっちはぎりぎりのところで必死に耐えているのに、「君は死んじゃいそうだから、力を貸すよ」なんていわれても、受け入れられないと思います。意地を張ることだけが生きる糧《かて》になる瞬間って、あると思うので。

春名　そう簡単に、自分の弱さを認められないですよね。

篠塚　仮に、ものすごくつらいはずなのに、つらくないふりをして耐えている子がいたとして、その子のつらさに気づいてあげることは、すごく大事なことかもしれないけれど……でも、気づいたからといって、その子に「つらい子」という役をさせてしまうのは、あまりにもきついはずですよ。

がんばって、がんばって、ぎりぎりでどうにか意地を張って生きているときに、その意地をあっさりと取り払《はら》われることは、いよいよ「あなたは劣等生《れっとうせい》のいじめられっ子です」という烙印《らくいん》を押されるようなものですから。少なくとも、僕にはそれは耐えられないくらい苦しいことでした。心の中の、最後の居場所まで奪《うば》われるような。先生に「やられたのか？」といわれたときに「いいえ」と答えたのは、もちろん怖かったのもあるけれど、僕の生命線というか、意地でもあったんだと思います。

春名　親に知られたくない、という気持ちもありましたか？

篠塚　それは、すごくありましたね。僕は母親しかいないんですけど、母親は別の小学校で教師をしていたので、僕がいじめられているとわかったら、母の仕事に支障をきたすかもしれないと、子どもながらに思ってました。親にいうわけにもいかないし、学校へ行かないわけにもいかない。そのときの僕は死なないことだけが目標というか、意地を張る以外に生きる方法がなかったですね。

春名　誰かに相談するという選択肢《せんたくし》が持てなかったんですね……。

篠塚　僕はそうでしたね。親や先生以外にも、例えば自殺相談室のようなものもありますよね。そういう相談窓口は絶対にあるべきだと僕も思ってはいるんですが、そういう場所に相談することで、「自分は自殺したいと思っている」ということを認めることになってしまうじゃないですか。それが嫌《いや》で、迷惑《めいわく》をかけたくなくて、今以上に情けない自分になりたくなくて、誰にも相談せずに意地を張っている子もいるんじゃないのかな、って思うんです。相談した瞬間から、「こちらは救う役ですよ」「あなたは救われる役ですよ」というふうに立場が割り振《ふ》られてしまう。それがつらいんだという、あのときの僕のような子もいる、と僕は思うんですよ。

春名　本音を話せるような友達は、周囲にいなかったですか？

篠塚　自分の苦しさを打ち明けられるような人がいたらよかったんでしょうけど。僕自身、死なない意地と引き換《か》えに、心を閉ざしていましたから。誰も信用していないというか、まだ心から誰かを信用できたことがないというか。だから、そういう存在はいなかったし、つくろうとは思えなかったですね。

SNSいじめは、世界が敵になる

春名　今のいじめは、SNSをはじめとするインターネット上でのコミュニケーションの浸《しん》透《とう》によって、より複雑化しているといわれています。篠塚さんは、SNSをどんなふうに使っていますか？

篠塚　僕が使っているのはX（旧Twitter）だけなんですが、自分が思っているけどいえなかったことをメモ代わりにつぶやいたりしています。今ではライブの告知もしますけど、基本的には備忘録として使いはじめたのがきっかけだったので、その延長って感じですね。

春名　ご自身に対する誹謗中傷を目にされたこと、ありますか？

篠塚　ありますね。でも、僕はそういうのは、極力見ないように努力してます。単純に、自分への悪意や攻撃を見るのはつらいですし、そもそも誹謗中傷の書き込みは事実じゃないことがほとんどだし、何より、自分に悪意がある人間と関わりたくないですから。

春名　同感です。

篠塚　それでも、よかれと思って教えてくれる人もいますけどね。「篠塚さん、こんなひどいこと書かれていましたよ」って。

春名　いじめを経験された篠塚さんから見て、リアルないじめとSNSでのいじめの相違点《そうい》はどんなところにありますか？

篠塚　リアルないじめのつらさは、「明日も会わなきゃならない」ってところにある気がします。継続《けいぞく》する苦しさというか。もちろん、その日一日だけ殴られる、みたいなケースもあるのかもしれませんが、いじめの多くは、クラスなり部活なり塾《じゅく》なり、簡単には抜《ぬ》け出せない人間関係や環境《かんきょう》のもとで起こるんだと思います。そこには、自分を傷つける人間との関係を継続しなきゃならないつらさがあります。

SNSいじめのつらさは、「世界中が敵になる」苦しさだと僕は思います。例えば、クラスのLINEグループで、名指しはされていなくても明らかに自分のことが悪く書かれていたら、傍観者《ぼうかん》も含《ふく》めて、全員がそう思っている感じがする。そうやってグループから追い出されたら、今度は、自分の知らないところで、全員が自分のことを悪くいっている感じがするんですよね。そんなわけないといわれても、全員の心を確かめようがないし。

春名　相手が見えるか見えないかという違いは、大きいですね。

篠塚　そうですね。リアルでのいじめの場合、加害者は大抵《たいてい》目の前にいて、「こいつが悪い」

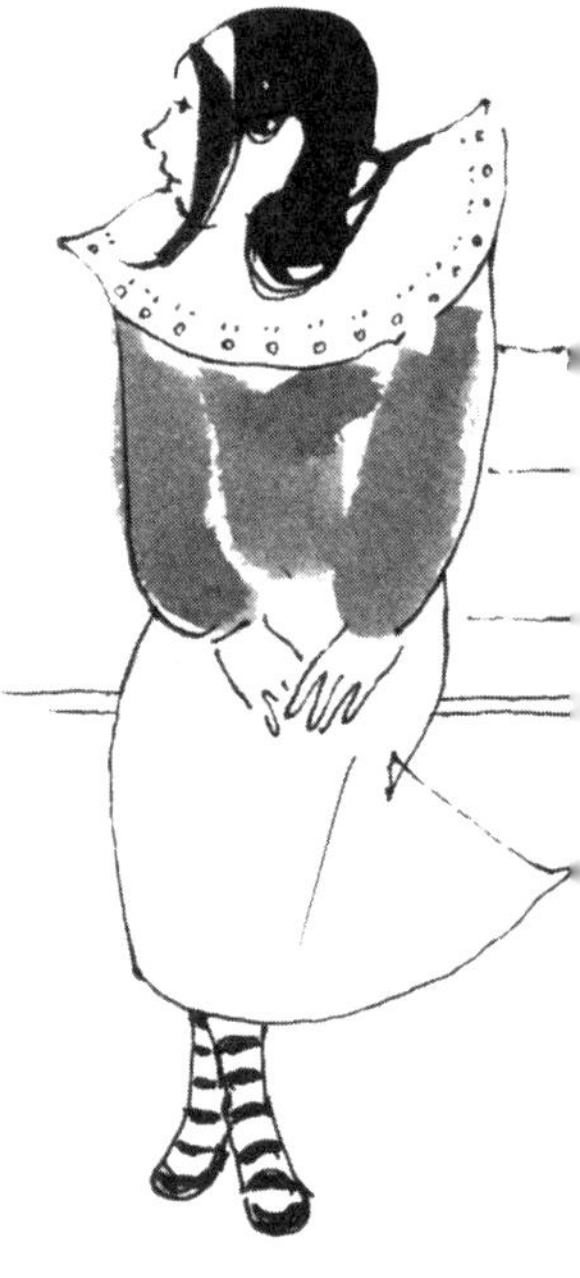

っていうのがはっきりしてるじゃないですか。もちろん、周りで黙《だま》って見ていた人たちのことも、「助けてくれなかった人」として覚えているんですけど。でも、ＳＮＳでのいじめの場合は、発言した人もしなかった人も、全員が敵になってしまう感じがします。

春名　わかります。みんなが見られる場所に悪口を書かれた場合、先生も、友達も、友達の親も、近所の人も、周囲の誰もが知っていて知らないふりをしているんじゃないか、と疑ってしまいます。

篠塚　事実はどうあれ、そう思ってしまいますよね。少なくとも、誰も助けてくれないんだな、って。

春名　ＳＮＳは、悪意を持って使えば誰かをとことん追いつめるツールになります。でも、その一方で、誰かとつながるためのツールにもなり得ます。ここが難しいところですよね。もし、篠塚さんが小中学生のときにＳＮＳがあったなら、どんなふうに使っていたと思いますか？

篠塚　あくまで想像上の話ですが、もしも当時の僕がＳＮＳを使っていたら、誰にも見つからないように自分の気持ちを書き込んでい

たでしょうね。「死にたい」とか「あいつが嫌だ」とか、そういう直接的な表現はしなかったかもしれませんが、自分のつらさを吐《は》き出せる場所は必要だとは思います。
でも、僕はきっと「SNSをやらない」という選択をしていたと思います。当時の僕なら、SNSでもいじめられるリスクのほうを考えてしまうと思う。人と接する機会が増えれば、意見の合わない人や悪意のある人に遭遇《そうぐう》する可能性も増えますから。リスクとリターンが見合ってない、やってもいいことなんかないと考えると思います。だから当時の僕のことを誰も見つけられなかった。いい意味でも悪い意味でも。

春名　学校や家の延長線上としてじゃなく、まったく違う、新しい場所としてSNSを使うといいのかもしれないですね。例えば、SNS上では自分を「ゆるキャラ」ということにしちゃう、とか。それで、「楽しいね」「おいしいね」をいい合える人に出会えたらいいのかなって。

篠塚　確かに……つらいからといって、別に、常に生きるか死ぬかの話をしたいわけじゃないですからね。むしろ逆というか。苦しいときほど、「楽しい」とか「おいしい」とか、全然関係ないことを話せる相手がいたらうれしいし、嫌《きら》いな自分を離《はな》れて、自分じゃない誰かになれる。そういう使い方なら、SNSが自分の居場所になる可能性はありますね。

春名　そこでは、尊厳を傷つけられた自分をリセットできる、というか。

篠塚　別の誰かに生まれ変われるなら、リスクにも十分見合っていますからね。
　ただ、匿名《とくめい》で別人になれるからこそ、別人として誹謗中傷をする人がいるのも事実で、誹謗中傷をくり返す人に直接会ってみたら、普段《ふだん》は真面目に会社で働いている人だった……なんて話も聞きますから。一長一短というか、SNSも現実世界も、姿形が変わるだけで、あくまで人間関係の難しさの本質は変わらないのかもしれませんね。

言葉は人を傷つけるもの

春名　SNSいじめは、基本的に言葉の暴力です。どうして、人は言葉の暴力を振るってしまうんでしょうか？
篠塚　僕は、人間は「欲」に弱いものだと思っているんです。今日は穏《おだ》やかに暮らしていても、明日餓死《がし》するとなったら、パンを奪うために暴力を振るう人はいるはずです。僕は、今のところ人を殺してまでパンがほしいとは思いませんが、そうじゃない人もやっぱり当たり前にいるはずです。
　そもそも、人の心って、誰にもわからないものだと僕は思っているんです。もしも仮に、人の心が本当にわかるなら、好きな人に告白するのも怖くないし、すれ違うこともなくなるのかもしれません。だけど結局、心って誰にもわからなくて、想像することしかできないから、思い込むし、すれ違うし、怖いし、間違うんだと思います。
　そういう意味では、僕は人間が人間である以上、人が人を傷つける行為《こうい》というのはなくならないと思うんです。身も蓋《ふた》もない、すごく悲しいことをいってしまって申し訳ないんですけど。

春名　そんな中、篠塚さんは言葉をつむいで歌にして、人々に届けています。そこには、どんな思いがあるんですか？

篠塚　少し話がずれるかもしれませんが、大前提として、「自分の曲は誰かを傷つけている」と思ってるんです。それこそ、心は誰にもわからないし、受け取った人の捉《とら》え方次第では、誰かが心底嫌な思いをするだろう、と。自分が「加害者側になるかもしれない」ということを、常に忘れないようにしながら歌ってるんです。
　こんなことを自分でいうのは嫌なんですが、僕の曲を「優しい」といってくれる人もいます。もちろん、自分を嫌いにならないように「優しい人間でありたい」って気持ちもあるんですけど、でも、それは「お前を救う」とか「自分を救う」みたいな感じではまったくなくて。むしろ、そういう上からの目線にはなりたくなくて。僕が「誰かを傷つけるかもしれない」と自覚しながら歌っていることを、「優しい」と捉えてくれる人がいる、っていうだけなのかなと思ってます。

春名　つまり、言葉は人を傷つけるものである、と。

篠塚　そうです。そもそも受け取る人によって「言葉が人を傷つける刃《やいば》」になることは、事実ですからね。

例えば、僕が「おいしいトマトだよ」といって差し出しても、トマトが嫌いな人もいます。「お米なら、みんな好きでしょ？」というのもやっぱり傲慢《ごうまん》で、お米が心底嫌いな人もいますから。「戦争反対！」と訴《うった》えれば、それは平和主義者の人たちにとっては心地いい言葉ですが、武器を製造している人たちは「攻撃されている」と感じるかもしれません。

それと同じで、世の中には「優しい言葉が嫌い」という人がいます。「君が好きだ」という言葉にすら傷つく人もいて、それはもう、多様性ともいえるし、人が人である以上、どうしようもないことなんだと思います。余談ですが、昔は僕自身、ラブソングが大嫌いでしたからね。この世界にはこんなに苦しんでいる人間がいるのに、どうしてこの人たちはそれに気づかず平気でラブソングなんて歌えるんだろう、と思っていたくらいですから。

だから僕は、この刃の先をどこに向けるのか、ってことだけ考えています。誰も傷つけない言葉なんかどこにもない。だから、僕が傷つけたくない人のほうへ言葉の刃が向かないように、できるだけ許せないもののほうに刃先《はさき》が向くように、同時に「もしかしたら君を傷つけるかもしれない、傷つけたらごめん」という気持ちを忘れずに歌うようにしています。
言葉の問題の一つには、言葉が刃物《はもの》であることを自覚しないまま使ってしまう部分もあるんだと思います。「私の言葉があなたを傷つけるはずがない」と考えた時点で、それがより深い溝《みぞ》をつくってしまうこともあって。もちろん悪意ある言葉は怖いけど、そうやって無自覚に悪意なく傷つけ続けたり、正義を掲《かか》げて傷つけるケースが、多くの人の心を壊《こわ》すこともあると僕は思うんです。

春名　歌詞を書いているときは、そういったことを考えながら手直しするんですか？

篠塚　直すというよりボツにしちゃいます。直せば直すほど自分の気持ちがオブラートに包まれて、空虚《くうきょ》になってしまうので、誤解させてしまいそうだとか、傷つけたくない人が傷ついてしまいそうだと思ったら、丸ごと消したり、曲自体をボツにして、納得するまで何曲もつくる。絶対に人前で歌わない曲がたくさんあって、人前で歌うときは、誰かに歌いたいと覚悟《かくご》を決められた曲だけ歌ってる感じです。

片隅《かたすみ》に、曲を置いておくから

春名　篠塚さんの音楽は、ご自身の過去の傷とどんなふうにリンクしていますか？

篠塚　僕が曲をつくりはじめたのは中学生のときで、作曲をするって行為は、いじめられていて友達のいなかった僕にとっては、自分の話を聞いてくれる唯一《ゆいいつ》の親友のようなものだったと思います。

でも僕は、ただ曲をつくりたかっただけだから、自然とにじんでしまうことはあっても、あんまり自分の過去と音楽の関係について、自分では考えたくないんです。

過去じゃなくて今の話でいえば、音楽をやっていたからバンドのメンバーにも出会えたし、こうやって春名さんと話すこともできているし。いじめもありましたから、僕が小中高の同窓会に呼ばれることも、僕が行くこともないんですけど、その代わり、今、自分に関わってくれている人は、100パーセント音楽を通して出会った人たちです。音楽がなかったら僕の人生はないも同然で、そういう意味では、「過去と音楽が人生単位でリンクし続けている」といえるかもしれません。

ただ、「音楽は素晴らしい」なんていいたくないし、思ってもほしくなくて。音楽じゃなくて全然いいから、死にたくても、友達なんかいなくても、人間から逃《に》げて有り余った時間を、人間じゃない別の何かと向き合って没頭《ぼっとう》することで、人生を取り返せることもあるよ、ってことを知ってほしいです。

春名　音楽を続けることに、苦しさはありますか？

篠塚　いじめられていた頃に比べれば随分《ずいぶん》マシにはなってますけど、それでも自分は劣《おと》っているっていう呪《のろ》いみたいな感覚があって、褒《ほ》められても信じられないというか、うれしくはなれなくて、なのに、けなされると心底悲しい。音楽に限らずなんですけど、わかりやすい喜びがないといいますか。さらに、曲をつくることで自分が誰かの加害者になっているっていう負い目も重なって……。わかりやすく苦しいわけではないんですけど、何のためにやってるのかわからなくなるときがあるといいますか。

春名　だけど、そういう篠塚さんがつくる曲だからこそ、自分に向けて語りかけている、と感じる人がいるんだと思います。

篠塚　僕自身、話し相手がいなかったですからね。そんなふうに感じてくれる人がいたらうれしいです。

ミュージシャンの多くは、「俺たちの音楽、すごくいいからライブにおいでよ！」というスタンスでやっていると思うんです。でも、僕はそういう自信みたいなものが持てないままなんです。僕が音楽をはじめた時期がビジュアル系バンドの全盛期と重なっていたこともあって、「バンドはかっこいいもの」というイメージもありました。だけど僕は、そういう特別な人間に「なれる」とも「なりたい」とも思えなくて……。だから、今は、いじめられていた頃の自分を消すんじゃなくて、あの頃の自分と一緒にポンコツなままでいたいと思ってるんです。
　曲についても同じで、「みんな、聴いてくれ！」みたいなことは思えないんですけど、「この曲をここに置いておくから、もし君がほしかったら拾ってくれ」くらいの気持ちでいます。音楽で誰かを救うとか、自分からはできるだけそういうふうにはしたくなくて。「話し相手になれる、通りすがりの誰か」くらいであれたらいいなと思います。

春名　篠塚さんの、「作曲は日記で実話でボトルレター」という言葉を思い出しました。

篠塚　僕は、曲づくりを、日記だと思って続けてきたんです。曲をつくりはじめた中学生の頃は、「僕がいつ死んでも、本当はこんなことを思っていたって残せるように」って思っていたんですけど、今はあんまり自分の気持ちを残したいとは思わなくなっているんです。それでも今日まで続けてきたし、僕の人生そのものみたいな僕の音楽が静かに漂《ただよ》って、それで、僕が出会った人にいいたかったことが、ボトルレターみたいにどこかの誰かに届いてくれたら。それだけで十分すぎるなって。

春名　ぼくも、文化芸術って、そこに置いてあるだけのものであってほしいと思います。ぼくはお芝居《しばい》を仕事にしていますが、ぼく自身を応援《おうえん》してほしいというよりも、お芝居を通していろんな人間のサンプルを見てほしい。そういう気持ちでやっています。
　もちろん、経済的に成り立たないと主催《しゅさい》の方が困ってしまうので、ある程度宣伝もしますが。フライヤーを見て何だか気になって劇場に足を運んだら、自分と似たような人間がそこにいた。その人と会話をしたようで、少し心が和《やわ》らいだ……。本当は、そんなふうに使ってくれたらうれしいな、と思っています。

この世は地獄《じごく》だよな

春名　今、ＳＮＳで「死にたい」とつぶやいた中学生がいたとして、篠塚さんならどんな言葉をかけますか？

篠塚　難しいですね。楽曲を通してじゃなく、ＳＮＳで、ってことですよね？　そうだなぁ、「この世は地獄だよな」とかリプライをつけるかもしれないですね。その子の死にたい気持ちに「わかるよ」とか「いいことあるよ」といったとしても、「お前に何がわかるんだ」って当時の僕なら思うだろうから。もしも「地獄だよな」というリプライに「地獄っす」とでも返してくれて、雑な会話が続けばいいなって思います。

例えば、おばあちゃんが、「今日は天気がいいわねぇ」なんて会話するじゃないですか。僕、昔はそういう中身のない会話を「無駄《むだ》だな」と思っていたんです。一体、何の意味があるんだろうって。でも、僕がＳＮＳでいろいろあって、もうそのことを話す気力もなくて、誰とも会いたくなくて引きこもっていたときに、知らないおばあちゃんに「今日は天気がいいわねぇ」と声をかけられたんです。僕、それで気持ちがラクになったんですよ。あれ、大事なのは「会話の中身」じゃなくて、「会話すること自体」だったんだって気づいて。意味も中身も思想もない、誰かと絶対に敵対することのない、ただ声をかけ合うだけの、純粋《じゅんすい》なコミュニケーションそのものだと思ったんです。

だから、「死にたい」とつぶやいた子がいたとして、もし声をかけるなら、僕は「今日は天気がいいね」と声をかけたい。でも、SNSじゃ向こうの天気はわからないですから、僕なら「地獄だよな」とかいうかもしれないですね。「死にたい」と同じところに行くことはできないけれど、「死にたい」のそばに座って、何てことない話ができたらいいな、と思います。

春名　日常会話の先に、深い話のできる日が来るかもしれないですしね。

篠塚　そう、「焦《あせ》らない」ことですよね。でも、もしも本当に向き合うなら、SNSじゃなく、実際にその子と出会って、友達になって、継続的に関わり合うしかないんだと思います。

春名　そうですね。継続的に関わってくれる存在が不可欠ですよね。

篠塚　一人で生きていくのは、本当に難しいことだと思うから。例えば、何かあったとして、裁判をすれば法律上は解決するかもしれないし、病院に行けば数値上は改善するかもしれない。でも、一人で生きられるほど強い人間なんて、いないんでしょうね。

春名　ここ数年、SNSの誹謗中傷が原因で自殺された方のニュースを目にします。篠塚さんは、ああいったニュースをどんなふうに見ていますか？

篠塚　さっきも「『死にたい』のそばに座る」っていったんですけど、僕は本当の意味では「死にたい」を止めることはできないと思ってるんです。その人にとっては、「死ぬ」という事実よりも、「死にたい」という「気持ち」のほうがきっと大事で、その「気持ち」すらわかってもらえないのなら、一体どうすりゃいいんだよ、って話だと思うんです。そういう気持ちは、僕にも覚えがあるので。だから、頭ごなしに「死んじゃダメだ」と止めた瞬間に、もう同じ立場で話すことはできないと思うんです。僕にとっては過去の自分でもありますし、だから、僕には止められない。止められないことが前提で、それでも、未来は誰にもわからない。「絶対」はないじゃないですか。だから、もし死ななければ、いつか友達ができたかもしれない、いつか恋人《こいびと》ができたかもしれない、音楽を聴いて泣くことがあったかもしれない、一回くらい本気で笑えるときが来たかもしれない……。それが本当に悔しい。ただ悔しい、それだけです。

春名　今「死にたい」と思っている子が、もう一日生き延びるには、どうしたらいいと思いますか？

篠塚　うーん……好みや一人一人の状況にもよると思うんですけど、一日だけ延ばすなら「マッサージ」か「美容院」か「食事」ですかね……。

マッサージというか、人の手って気持ちがいいものじゃないですか。一日だけならかなり効果があると思います。

美容院は別の方法でもいいんですけど、心が沈んでいるときってお風呂《ふろ》に入るのも嫌になるし、それ自体で自尊心が減っていく人もいるから、そういう子は髪《かみ》の毛を整えるだけでも、「自分は思っていたほど悪くないかも」と思えるかもしれない。

おいしいものは、どうせ死ぬならって気持ちで、すごくおいしいと思えるものを食べてから考えてみてほしいです。

どれも本人にとって心地いいものじゃないと意味はないけど、要は、無理に心を変えるんじゃなくて、身体や環境、外側から心に影響《えいきょう》を与えていく方法がいいと思うんです。

春名　いいですね。そうやって、明日死ぬんだからと割り切ってめちゃくちゃ幸せな今日を過ごすと、なぜかそのあとも生きられちゃうものですよね。

篠塚　そうなんですよね。どうせなら、倒《たお》れるまでゲームしちゃうとか、やってみてほしい。気がついたらすごくうまくなっていて、もっとやりたくなるかもしれないですから。これは甘《あま》えとかサボりとかじゃないんで、ご家族もその子の気持ちを大事に、したいことをさせてあげてほしいです。

「何か」がそばにあってほしい

春名　篠塚さんは、死にたいくらいつらかったとき、何に支えられましたか？

篠塚　僕は、音楽と本に救われました。あのときは僕自身、誰にも心を開かなかったし、本音を話せる人もいなくて。CDやラジオを聴いたり、本を読んだりするしかなかったんです。

音楽だと、ザ・ピロウズというバンドの「ハイブリッド レインボウ」って曲を何度も聴いていましたね。僕が、人生でいちばん聴いた曲だと思います。あと、いじめられていた小学生の頃は、好きな曲に自分で勝手に別の歌詞をつけて、替《か》え歌をしていました。中学生になると、その延長で自分で作曲するようになって。

さっきも少し話しましたが、あの頃の僕にとって、作曲することが話し相手だったんだと思います。今でいうと、それこそSNSに自分の気持ちを書き込むような感覚だったかもしれませんが、当時はそういう場所もなくて。何というか、日記を書くように音楽と接していましたね。

春名　本は、どんなものを読んでいたんですか？

篠塚　家にあった心理学の本をよく読んでいました。自分の心が知りたいという知的好奇心《こうきしん》があったわけじゃなく、たまたま家にあったから読んだだけなんですけどね。でも、「あぁ、俺の気持ちって、こういうことだったのか」と、自分の心に少しずつ近づいていけるみたいな感覚でおもしろかったんです。今振り返ると、今以上に、僕は未熟だったんだと思います。

春名　未熟というのは、どういうことでしょう?

篠塚　自分を知らなかった、って感じなんですかね。自分が、何をしたら心地よくて、何をしたら苦しいのか。何をされたらうれしくて、何をされたら嫌なのか。そういうことが何もわかっていなかった。

何をされたら死ぬよりつらいのかがわからないから、されてはじめて死のうと思うわけです。死にたいと思ってやっと気づくんです。自分の中のことを知らないんですよね。だから防御《ぼうぎょ》しようがなくて、ひたすら耐えてしまう。

いじめられているときって、その場で抵抗《ていこう》したり泣いたり、なかなかできないじゃないですか。耐えられる限り、限界を超《こ》えても耐えようとしてしまうんです。でも、もしも自分の限界がわかっていて、これ以上いったら自分が壊れてしまうと知っていたら、その少し手前で逃げることもできたと思うんです。そういう意味で、自分のことを知ることは、結果的に、自分を守ることにつながるような気がするんです。

春名　ぼくも自分の限界がわからないままに耐えていたように思います。自分がつらいことにすら気づかない。何か考えなきゃならないことがあるはずなのに、何も考えられない。そういう、妙《みょう》に無感動になっている時期がありました。
だから、篠塚さんが心理学の本を読んでいたというのにもうなずけます。性格診断《しんだん》とか占《うらな》いとか、無性にやりたくなるんですよね。自分のことを聞ける相手が、そういうものしかなかったからかもしれません。
でも、最近になって、ようやくぼくにもわかってきました。自分を知るには、人と会話をするしかないって。

篠塚　それこそ、いじめられているときには思えなかったけど、今は、人と会話することでしかわからないことがあるっていうのは実感しますね。話すうちに、「あぁ、自分はこうだったんだなあ」と知って、涙が出てくることもあるし。
本当につらいときって、自分の感情に鈍感《どんかん》になるものですよね。きっと、生きるか死ぬかの隣《となり》にいる人は、嫌いなことはもちろん、好きなことすら感じられなくなってしまう。

春名　篠塚さんは、どうして音楽が好きだと気づくことができたんでしょう？

篠塚　僕の場合は、単純に楽器がそばにあったんです。ピアノは幼稚園《ようちえん》のときから習っていたし、好きというよりも、音楽が近くにあった、という感じでした。むしろ当時は音楽が好きだとも思っていなかったですし。

少し話が飛躍《ひやく》してしまうかもしれないんですが、もし、僕に子どもがいたとしたら、家の中に、心理学の本とか、つらいときにも読みやすい文字の少ない本とか、いじめの対処に役立つ本とか、CDとか、紙と鉛筆《えんぴつ》とか、絵の道具とか、とにかくたくさん選択肢を置いておくと思います。僕は結婚《けっこん》願望とかはまったくないから、あり得ないことなんですけど、もしも子どもがいたならそうすると思います。だけど「読め」とか「聴け」とかはいわないようにしますね。置いておくだけ。読みたくなって読むほうがいいし、やりたくなってやるときの気持ちや心の動きを奪いたくないので。

音楽じゃなくても、文章を書くことでも、絵を描《か》くことでも、将棋《しょうぎ》でも、ゲームでも、きっと何でもいいんです。何かにぶつけないとやりきれないときに、その「何か」を見つけてほしいです。

僕の場合、それがたまたま「音楽」だったってだけなので。音楽がなければ、僕はあのとき、生きていられなかったと思うんですけど、でも何でもよかったんだと思います。ただ「自分が選んだ、自分の気持ちをぶつけられる場所」があれば。

春名　誰かに「楽器弾《ひ》きなよ」といわれたわけじゃな

い、というのが大きいですね。

篠塚　そうですよね。逆に、「やれ」といわれていたら、弾いていなかったと思います。いじめって「強制」なんですよね。言葉にしろ、行為にしろ、自分の意に反して何かをやられたり、やらされたりすることが、いじめじゃないですか。だから、いじめられた経験のある人は、何かを強制されることに過剰《かじょう》に反応してしまいますよね。

死にたいままでも生きていける

春名　もしも過去の自分に会えたなら、どうしますか？

篠塚　僕、それ、よく考えるんですよ。いじめられていたときは他人の顔色をうかがっていたし、ずっと他人軸《じく》で生きていたんです。でも今、僕の中でいちばん大きな基準になってるのは、「いじめられてた頃の自分に嫌われないように生きよう」ってことなんです。僕は今も、完璧《かんぺき》な人間じゃないし、人と比べてしまったら相変わらず劣っているところばっかりで、ポンコツなんですけど、「小中学生の頃の僕が嫌いな僕じゃなければいい」、と思って生きています。だから、もしも会えるなら、感謝や激励《げきれい》じゃなく、ただ、その事実を伝えたいですね。

この本を読んでくれている中学生の君に、僕が何か伝えられるとしたら、それは「死にたいままでも生きていけるよ」ってことだけかもしれないです。当然、なくせるものならいじめはなくなったほうがいいし、弁護士さんのような専門家の力を借りるのもいいとは思います。だけど、僕は、いじめがこの世界からなくなることはないと思うんです。だから、僕は死にたい君に「死にたくなって当然の世界だよ」といいたいです。おかしいのはあいつらで、君は正常なんだといいたいです。

自分さえよければいいと思っている人間がいっぱいいる、そんな世界です。もっといえば、お互《たが》いに銃《じゅう》を向け合って、あちこちで戦争をしているような世界です。そんな状況で、死にたいくらい苦しくなるのって、むしろ正常だと思うんです。

もしかしたら「死にたい」と感じている人の多くは、本当は「死にたい」んじゃなくて「消えたい」っていう気持ちなんじゃないかな、と思います。誰かを傷つけるくらいなら消えたい、誰かに迷惑をかけるくらいなら消えたい、みたいな。でも、そんなふうに自分以外の人たちのことを思いやれる人こそ、この世界をちゃんと見ていると思うんです。僕は、そういう人に生きていてほしいし、そういう人と生きていきたい。そういう人たちが生きられるようにしていかないと、自分さえよければいいと思っている人間ばっかりの世界になってしまうじゃないですか。

きっと答えなんてなくて、でも答えなんかなくても、それでも「考え続ける」しかないんです。このどうしようもない世界をどうしたらいいんだって、考え続けるしかないんじゃないですかね。

春名　ぼくも、ずっとずっと考えてきました。ぼくと同じように考え続けてきた人がこうして目の前にいるということに、安心します。

篠塚　こういう話をすると、「メンヘラ」といってくる人もいますよね。だけど、そういうのはよくないと思う。仮に見えていなくても、いじめや虐待や誹謗中傷は現実に存在していて、それで死ぬほど苦しんでいる人がたくさんいる。もっといえば、いじめとはいえないまでも、その手前のグレーなところでつらい思いをしている子もいる。誹謗中傷とはいえないまでも、誰かの無自覚な言葉に傷ついている人もいる。僕から見れば、そういうことを全部無視して生きていけるほうがよっぽど異常なんじゃないかな、と。

昔の日本では、精神を病《や》んだ人が村八分にされたり、閉じ込められたりすることが暗黙《あんもく》の了解《りょうかい》だった時代があったけど、いじめや誹謗中傷に苦しむ人をメンヘラといって揶揄《やゆ》するのは、それと同じ発想だと思うんですよ。

春名　ぼくも、いじめや誹謗中傷の話をして、メンヘラといわれた経験があります。そういうことをいってしまう人は、きっと、知らなかったんでしょうね。実際に苦しんでいる人がいて、その苦しみがどれほど大きいかを。その事実を受け止め切れなかったんだろうなと思います。

篠塚　僕の曲を嫌いな人も「メンヘラ」や「重い」という言葉を使うんですけど、でも、僕にしてみれば、別に病気の歌や重い歌をうたいたいわけじゃなくて、これが「僕たちにとっての現実」なんですよね。わかる必要はないけれど、そういう人もいることを知ってほしい。

春名　少しずつでも社会をよくしていくには、多くの人に知ってもらうしかないんですよね。思わず拒否《きょひ》反応をしてしまうのは仕方のないことかもしれませんが、知らないふりはしないでよ、といいたいです。

いじめに終わりはあるのか？

春名　さきほど、「いじめがなくなることはない」というお話がありましたね。

篠塚　できることなら、もちろんなくなってほしいです。心からそう思うんですけど、でも、自分の経験に照らしていうなら、やっぱり簡単に解決できるものではないんじゃないかな、と。人間の業《ごう》みたいな部分でもありますし、具体的に考えて、リアルのいじめには関係を断ち切れない難しさがあり、SNSのいじめには、相手が誰だかわからなかったり不特定多数だったりするケースもありますし。

春名　ぼくも篠塚さんと同じで、いじめの問題はそんなに容易には解決できない、というふうに思います。それでも、この本では、いじめ調査や法律など各分野の専門家の方々にお話を聞きながら、何とか解決策を模索《もさく》したいと考えています。暴力や誹謗中傷の実害を、少しでも早く、少しでも減らせるように。ただ、それによって被《こうむ》った精神的なダメージは、その後も長く続いていくものなのですが……。

篠塚さんにとって、いじめは過去のことになりましたか？　それともまだ終わっていないという感覚ですか？

篠塚　時間や別の出会いが痛みを薄《うす》めてくれたところはあると思います。でも、どんなに時間が経っても過去にはならないですね。今もこうして昨日のことのように話せますし。そういう意味では、僕の中で、いじめは終わっていないと思います。何ていうのかな、形は変わっても消えないというか、自分の思考や人格そのものに大きく影響していると思う。

春名　それはぼくも感じています。

篠塚　僕も春名さんも含めて、いじめや誹謗中傷を経験している人は、人生や人格単位で影響がありますよね。

僕はあの頃のまま、自分のことを好きになれないと思うし、昔に比べれば死にたい気持ちは減ったとは思うけど、消えたい感覚がまったくなくなったわけじゃない。最近僕が思うのは、「もう解決することは諦《あきら》めて、死ぬまで悩《なや》み続けよう」ってことなんです。残酷《ざんこく》かもしれないけれど、いじめに限らず、この世界の不条理に答えなんてなくて、逆に無数にあるともいえて、だからこそ、安易に正解を決めず、安易に解決もせず、ずっと悩み続けたいと僕は思うんです。

結局、いじめの根底には「人間とは何か」という問題が横たわっているわけじゃないですか。人はなぜ人に対して悪意を持つのか、人はなぜ人を傷つけるのか、人の心とは何なのか、とか。死にたいと思っている子だって、いじめだけじゃなく、人間やこの世界そのものに失望してしまっているのかもしれない。ドロップアウトしたいのは、ただ誰よりも早くこの世界の正体に気づいてしまったからかもしれない。

哲学《てつがく》の歴史から見ても、人間とは何か、生きるとは何かという問いに、人は何千年も答えを出せないままでいるじゃないですか。だから、答えが出なくて当たり前で、悩んだままで当たり前で。もしも大人が「いじめをなくしたい」と思うなら、焦らず、これからもずっと悩むしかないんだと思います。解決なんてないと思って、ずっと悩んでいたいと思います。

いじめや誹謗中傷がゼロになることは、この先もきっとないんでしょう。だとしても、できることなら、例えば「いじめや誹謗中傷ってダサいよね」といった価値観が文化として浸透したらいいと思うし、死にたいと思う子が「守られる」んじゃなくて「生きられる」環境を、悩み続けた道の途中《とちゅう》で見つけられたらいいな、と。

春名　いじめはそう簡単には解決しないけれど、だからといって、何もできないわけじゃない。そういうお話を最初にお聞きできてよかったです。

篠塚　たくさんつらい思いをして、たくさん考えてきた春名さんを、僕は素直にすごいなと思ってます。そんな春名さんに、僕がいえることなんてあったのかなぁ、って思う。僕がこの本を読んでる誰かの力になれるかはわからないけど、僕が今日ここへ、こうして春名さんに会いに来たのは、じっくり話をしてみたかったというのもあるし、何ていうか、幸せになってほしいなって思って来てしまったんだよね……。

ごめん、「幸せになってほしい」とかいわれたら、つらいかもしれないんだけど。

春名　そんなことありません。言葉が刃だと知っている篠塚さんがいってくれたんですから。考えて、考えて、考え抜いた方の言葉は、ちゃんと届くものだと思います。ぼくも、これからも悩み続けようと思います。

篠塚　ありがとう。答えが出ない話ばかりしてしまってごめんね。僕たちは、これからも悩むしかないよね。上でも下でもなく、隣で悩んでくれる誰かと一緒に。

memo

篠塚さんが教えてくれたこと

もしも、今まさにいじめや誹謗中傷の被害にあっているのなら、篠塚さんの言葉に共感する部分もあったんじゃないかな。そして、そうでない人にも、いじめによる苦しみがどんなものか、少しでも感じてもらえただろうか。当然、苦しみは人それぞれ違う。それでもやっぱり、ぼくは、目の前の人の苦しみを知ろうとすることをやめてほしくないと思うんだ。

✔言葉は刃だからこそ

言葉が人を傷つける刃であることは、事実だと思う。SNSの誹謗中傷に苦しめられたぼくは、そのことを痛いほど知っている。だからといって、言葉を使うのをためらう必要はないんじゃないかな。篠塚さんも、言葉の力を信じているからこそ曲を書き続けていて、こうしてぼくとも話をしてくれたんだと思う。

言葉が刃であることを忘れてはいけないけれど、「仲よくなりたい」という気持ちでいった言葉は、きっと伝わる。そういう希望は失わないでいたい。勇気を出して発した言葉がすぐには届かなかったり、何だか誤解されてしまったりすることもあるかもしれない。でも、どうか人と話すことを諦めないでほしいな。

✔きみだけの「何か」があるはず

自分の気持ちを吐き出せる「何か」を探そう。音楽、イラスト、漫画《まんが》、詩、小説、ゲーム、ダンス……あと、ぼくがやっているお芝居もあるね。見たり聴いたりするだけでもいいし、自分で表現してみるのも楽しいと思う。何だっていいんだ。妄想《もうそう》だっていい。ぼくは空を見上げながら、ここに水色のクジラが現れたら、なんて空想をしていた。

表現活動をすることは、決して逃避《とうひ》じゃないと思う。篠塚さんが、苦しんでいる子の力になるには「継続的に関わり合うしかない」という話をしていたけれど、これは自分に対してもいえることなんじゃないかな。自分は何が好きで、何を楽しいと感じるのか、自分自身に寄り添《そ》ってあげてほしい。

✔悩み続けることは、立ち止まっているわけじゃない

篠塚さんが最後にいっていた「悩み続けるしかない」という話、ぼくも同感だ。

いじめの「解決」には二つあって、一つは、SNSに悪口を書かれなくなったり、暴力を振るわれなくなったり、実害がストップすることだ。そしてもう一つは、いじめによって受けた心の傷が癒《い》えること。ぼく自身も実感していることだけど、どちらも簡単じゃない。

人はなぜいじめをするのか、誹謗中傷を減らすにはどうすればいいのか、無関心な人たちに知ってもらうにはどうすればいいのか、どんな仕組みがあればみんなが生きやすくなるのか……。考えても、考えても、そこに終わりはない。だから、悩み続ける価値があるんだ。

篠塚さんの言葉の通り、人は死にたいままでも生きていけるのだから。

第2章

一人で抱えないために

社会起業家たかまつななさんと話す

たかまつななさんのこと

ななさんとはじめて会ったのは、ぼくがまだ小学生のときのことだ。お笑い芸人であるななさんは「社会起業家」としても活動していて、政治や社会問題をわかりやすく発信している。今起きていることを自分の目で確かめることを大切にしていて、少し前にはウクライナ取材にも出かけていた。

ななさんのYouTube「たかまつななチャンネル」には、政治家へのインタビューから、元いじめられっ子の著名人との対談まで、興味深い動画がたくさん！　動画配信だけでなく、X（旧Twitter）やnote（長文も可能な記事投稿サービス）なども活用しているし、全国の学校で出張授業をしたり、本を書いたりもしている。ななさんの発信はどれも、モヤモヤや息苦しさを抱《かか》える若者に向けられているんだ。

そんなななさんは、誹謗《ひぼう》中傷に悩《なや》まされた経験がある。ななさんの活動を眺《なが》めていると、誰《だれ》に何をいわれようと、ぐんぐん前に進む強い人のように見えるかもしれない。だけど、言葉の暴力を受けても平気な人なんていない。たくさん傷ついて、たくさん苦しんできたはずだ。

SNSでトラブルに直面したとき、どうしたらいいのか。どうしようもなくつらいとき、一人で抱えてしまわないためにどんな方法があるのか。ななさんと一緒《いっしょ》に考えてみよう。

どうして時事YouTuberに？

春名　ななさんは、時事問題について発信する「時事YouTuber」として活動しています。時事問題といってもいろいろありますが、どんな分野に力を入れていますか？

たかまつ　まずは、政治です。10代、20代の若者に少しでも政治に関心を持ってもらいたくて。それから、いじめやネグレクト、介護《かいご》など、身近な社会問題も積極的に取り上げていきます。私が大事にしたいのは「当事者の方に寄り添《そ》う」ことです。〝当事者〟とは文字通り「その問題に直接関わりのある人」のことで、何らかのつらさを抱えている人が、それを見ることで少しでも心が救われるような発信ができたらいいな、と。当事者としての経験を持つ著名人にお話を聞くなどして、動画を配信しています。

春名　ぼくも出させてもらった「たかまつななチャンネル」ですね。

たかまつ　同じように悩んでいる人がいる、あなたは一人じゃない、ってことを伝えたい。そんな思いから、はるかぜちゃんはじめ、EXITのりんたろー。さん、兼近大樹《かねちかだいき》さん、メイプル超合金《ちょうごうきん》の安藤《あんどう》なつさん、はるな愛さんなど、多くの方に出ていただいています。

春名　そもそも、ななさんが政治や社会問題に興味を持ったのはいつだったんですか？

たかまつ　小学校4年生のときでした。

春名　早い！

たかまつ　はるかぜちゃんほどじゃないよ（笑）。

小4のとき、登山家の野口健さんが主催《しゆさい》する「環境《かんきよう》学校」に参加しました。富士山の麓《ふもと》でゴミ拾いをしたんですけど、空き缶《かん》やペットボトルみたいなものだけじゃなく、バスやトラック、注射器などが不法に捨てられているのを見てショックを受けました。そして「どうすれば解決できるだろう？」と、私なりに考えました。不法投棄《とうき》されたゴミを回収するには税金を使うしかなくて、その税金の使い道を決めるのは政治です。捨てられないようにするためのルールも必要だけど、そのルールを決めるのも政治です。つまり、社会問題を解決するには政治が重要だ……！　そう感じたんです。

しかも、同じ富士山の環境問題を考えるにしても、山梨県側の人と静岡県側の人、野鳥を守りたい人と森林を守りたい人、いろんな立場の人がいます。目指していることは近いはずなのに、ちょっとずつ優先順位が違《ちが》っていて、それが「いがみ合い」を生んでいることも知りました。だったら、一部の限られた人だけで解決しようとするんじゃなくて、もっと多くの人に知ってもらったらどうだろう。社会問題は、みんなで知って、広い視野で考えたほうがいいんじゃないかって考えるようになりました。

春名　だから、ジャーナリストとして発信する道を選んだんですね。ななさんは芸人としてテレビや舞台《ぶたい》に出ているし、テレビ局の一員として番組制作に携《たずさ》わっていたこともあるし、いろんな形で発信をしてきましたよね。そして今、YouTubeを中心に活動していますが、動画配信という方法を選んだのはなぜですか？

たかまつ　何より、若い人に見てもらえるからです。自由に手軽に発信できる点もいいし、何十年も見続けてもらえる可能性もあります。普通《ふつう》のニュースって、それが10年後に意味があるかどうか、あまり意識してつくられていないと思うんです。でも、自分で動画をつくるときは、そういうことをすごく意識しています。いきなりバズったりしなくてもいいから、必要な人に必要なときに届くといいな、と思って。

春名　そうやって発信することで、ななさんは何を目指しているんでしょう？

たかまつ　YouTubeの登録者数を100万人単位に増やすことで、若い人たちの意見を代弁する存在になれたら、と思っています。2020年からのコロナ禍《か》で、若者の思いが政治の場に届いていないことを痛感しました。コロナの影響《えいきょう》って、若者と高齢《こうれい》者ではかなり違っていたと思うんです。もちろん、重症《じゅうしょう》化リスクの高いお年寄りの命を守ることは大切です。それと同時に、一斉《いっせい》休校によって学校生活が奪《うば》われたり貴重な学びの機会を失ったりすることは、若者の視点から見れば深刻な問題でした。あのとき、若者の声が政治に届いていたなら、状況《じょうきょう》は違っていたかもしれません。

春名　確かに、コロナ禍を経験して、ぼくたちの生活と政治が近くなったと感じます。例えば修学旅行をどうするかなんて、政治とはまったく関係のないことだと思っていたけれど、そうじゃないんですよね。日々の暮らしの細かいところにも国が決めたことが関わっているんだっていう実感が芽生えました。

たかまつ　私の活動の根っこには「主権者教育を充実《じゅうじつ》させたい」という思いがあります。「主権」や「教育」なんて言葉が並ぶと何だか壮大《そうだい》なことのように感じるかもしれませんが、実はとてもシンプルです。「国や社会は私たち自身のもので、一人一人がそれを変える力を持っている。だから、もっと気軽に話し合って、行動しよう」――みんながこう思える社会にしたい。それだけなんです。

敵なら叩《たた》いてもいいのか

春名　さきほど、10年後でもいいから「必要な人に必要なときに届く」動画を、っていうお話がありましたけど、つい最近「たかまつななチャンネル」のななさんとぼくの対談動画を「毎日見てます」という中学生からメッセージをもらいました。2年前の動画です。

たかまつ　えっ！　うれしいな。

春名　「#元いじめられっ子から今いじめられている君へ」というシリーズで、ぼくがSNSで受けた誹謗中傷の話をしましたね。

たかまつ　あのシリーズでは、三四郎《さんしろう》の小宮浩信《こみやひろのぶ》さん、たんぽぽの白鳥久美子さん、川村エミコさん、かが屋の賀屋壮也《かやそうや》さんなど、何人もの方にご自身のいじめ体験を語ってもらいました。10年、20年前の話ということもあり、殴《なぐ》られたり、ものを壊《こわ》されたり、面と向かって悪口をいわれるなど、リアルな場でのいじめの話が中心になりました。ただ、はるかぜちゃんのケースはSNS上での被害《ひがい》であり、今まさに当事者として悩んでいる人が多い問題でした。はるかぜちゃんの慎重《しんちょう》な言葉選び一つ一つに、やっぱりSNSでの発信を長くたくさんしてきた人だな、と感じました。

春名　そんなふうに感じてくださったんですね。

たかまつ　SNSの危うさって、正しさや優しさがいつのまにか逆転してしまうところにあるような気がするんです。

　2020年、Twitter（現X）での誹謗中傷から、プロレスラーの木村花さんが自ら命を絶ってしまいました。花さんがたび重なる言葉の暴力にさらされていたことを知って、多くの人が驚《おどろ》き、また心ない言葉を投げつけた人たちに怒《いか》りを覚えました。そのとき、花さんのお母さんである木村響子《きょうこ》さんは「花のことを守るために、新たな被害者を出さないで」という主旨《しゅし》の発信をしています。たとえ花さんを擁護《ようご》するためだとしても、誰かに言葉の刃《やいば》を向けてしまっては、今度はその人が加害者になってしまうからです。

　自分は正義の側にいるのだから、強くいっていいんだ、とことん責めてもいいんだ。そういう偏《かたよ》った正義感は、とても危険です。被害者だった人や被害者を擁護していた人が、誰かを袋叩《ふくろだた》きにしていつのまにか加害者になってしまう……これがSNSの怖《こわ》さだと思います。

春名　すごくよくわかります。

たかまつ　SNSは、敵をつくりやすい世界なのかもしれませんね。そして、敵ならどんな方法で叩いてもいいんだっていう感覚があるんだと思います。2022年の安倍《あべ》晋三《しんぞう》元総理銃撃《じゅうげき》事件のときも、自業自得《じごうじとく》だっていう発言が飛び交ったり、犯人に同情する声が上がったりしました。私も森友・加計《かけ》問題や公文書改ざん問題がうやむやになっていることには疑問を感じていて、取材もしています。旧統一教会のことだって、議論すべき課題がいまだに山積みです。でも、だからといって誰かが殺されていいはずがないじゃないですか。なのに、それを肯定《こうてい》するかのような意見が盛り上がりを見せていました。

世の中を変える方法は、暴力以外にもたくさんあります。話し合いで変えていくのは時間がかかるし、もどかしくて、嫌《いや》になってしまう気持ちは理解できます。私だって、なんて果てしない道のりなんだろうって思うことがあります。それでもやっぱり、暴力に走るのはダメです。にもかかわらず、暴力が肯定されてしまう現状がある。とりわけ、SNS上の言葉の暴力については肯定されがちで、本当に恐《おそ》ろしいことだと感じています。

春名　「批判」と「誹謗中傷」を区別するのが難しい場合もありますよね。ななさんは、この二つの境界線はどこにあると思いますか？

たかまつ　それはすごく難しい問題ですね。

X（旧Twitter）でいうと、私は昔からあまりブロックやミュート（特定の相手のポストが自分のタイムラインに流れないようにすること）はしてきませんでした。それは、芸人としてもジャーナリストとしても、自分に対する批判をしっかり受け止めて改善していくのが正しいと思っていたからです。

相手と対話をしてお互《たが》いの考えを交換《こうかん》し、解決策を探《さぐ》っていくのは、私にとって楽しいことです。だけど、SNSではなかなかそれができません。それぞれが自分の正義を振《ふ》りかざして、残酷《ざんこく》な言葉を一方的に投げつけてしまう。共通の敵をつくって、大勢で一人を吊《つ》るし上げてしまう……。私自身、その対象になって何度も炎上《えんじょう》(否定的なコメントが集中的に投稿《とうこう》されること)しました。それでも踏《ふ》ん張っていた時期もありましたが、炎上するたびに自分がかなりのストレスを抱えていることに気がついて、ここ1、2年は自分を守るためにミュートするようになりました。

ミュートの基準は「対面でされたら嫌だなと思う態度を取る人」です。はるかぜちゃんの質問への答えになっているかどうかわかりませんが、こういう人とは距離《きょり》を置く、というのが今のところの境界線であり、対処法です。こちらが向き合おうとしても「死ね」と返してくるのでは、もうコミュニケーションできないですよね。結果、直接会ったことのある人をミュートするケースも出てきてしまいました。以前はそれを後ろめたいと感じていましたが、「死ね」なんて言葉を人に投げつけることをよしとする社会にしないためにも、変えていかなきゃ、と思って。

春名　SNSでは「死ね」という言葉がどんどん軽いイメージになっている気がします。ネットだから使える言葉、みたいな。

たかまつ　ミュートだけでなく、通知設定も変えました。例えば「新しい通知が100件あります」っていうのを見て、タップする。そこに悪いことばかり書かれていると、やっぱり落ち込《こ》みます。それで、自分がフォローしている人に限定して通知を受け取るように設定したら、たいぶラクになりました。

裁判する？　それともしない？

たかまつ　私、はるかぜちゃんが裁判を起こしたこと、すごいなって思っています。今は徐々《じょじょ》に増えてきましたけど、はるかぜちゃんが訴訟《そしょう》に踏み切った2018年頃《ごろ》は、まだめずらしかったですよね？　特に芸能界では「訴訟はイメージがよくない」っていわれているじゃないですか。テレビ局とかにも、裁判しているタレントは使わないようにしよう、みたいな空気があったりする。そんな中、よく自分でお金を払《はら》って、リスクを引き受けてやったなって。本当に尊敬します。

春名　ありがとうございます。ななさんも何度か誹謗中傷の被害にあってきましたよね。特に印象に残っているケースはどんなものでしたか？

たかまつ　2年ほど前、フェミニストとして活動している方々に叩かれたときはつらかったですね。当時、ある芸人さんとフェミニストの方々が、その芸人さんの発言をめぐって対立していたんです。私は芸人でもあるしフェミニストの側面も持っているし、架《か》け橋になれるかもしれないと思ってClubhouse（音声配信に特化したSNS）で発言しました。そこでは芸人さんがフェミニストの方に責められているように聞こえたこともあって、もう少しソフトな伝え方をしたほうがより多くの人に届くんじゃないか、というようなことをいいました。ところが、それは被害者を黙《だま》らせる行為《こうい》だ、との怒りを買ってしまったんです。女性差別をなくしたいと思っている仲間同士なのに、お互いの溝《みぞ》が広がる結果になりました。

あとになって、自分の考えを人に押《お》しつけるのはよくなかったなと反省しました。それに、その人はなぜ怒りを露《あら》わにして、過激な言葉で世の中の関心を集めようとしたのか。その背景には、そうしなければ耳を傾《かたむ》けてもらえない状況が長く続いていたっていう事実があるんですよね。そこに気づけなかった自分の至らなさも感じています。

ただ、そうやってSNS上で対立してしまった方々に「直接会って話しませんか?」と後日呼びかけたところ、誰からも返事は来ませんでした。そういうのは悲しかったですね。

春名　そうだったんですね……。

SNSに限らず、例えばYouTubeやブログのコメント欄《らん》での誹謗中傷も問題になっていますが、ななさんの場合はどうですか?

たかまつ　YouTubeだと、そのとき取り上げたテーマによってかなり違いますね。著名人の経験談の場合は、「こういう動画が見たかった」「救われました」など、同じ経験を持つ視《し》聴《ちょう》者さんから好意的な声が届きます。

一方で、政治や社会問題を取り上げるとやっぱり炎上しやすいです。敵か味方か、で判断されてしまうので。私自身は特定の政治思想に傾いているわけじゃないので、むしろどんな立場の人からも叩かれてしまいます。

春名　これまでさまざまなケースがあったかと思いますが、裁判しよう、とまではいかなかったですか？

たかまつ　ずっとね、考えてはいるんです。これはひどいと思うときにはスクショ（スクリーンショット。スマホなどの画面を画像として保存すること。相手が削除《さくじょ》しても記録を残せる）したりもするんですけど、それを見返すのは精神的にしんどいし、それが誹謗中傷に当たるかどうかの判断も難しい。結局、心理的な負担が大きくてできないです。

春名　ぼくの場合、そうやって記録していたリプライやコメントを弁護士さんに見てもらったら、全然違っていたんですよ。裁判で使えるものと、実際に深く傷ついたものとが。

例えば、ニュースには、ぼくが「名誉《めいよ》男性」っていう言葉で裁判を起こしたって書かれているんですけど、特にその言葉に傷ついたわけじゃなくて。もちろん、すごく嫌でしたけど。

それよりもっとひどいと感じた言葉はたくさんあったけれども、その言葉が裁判に使えた、ということなんです。

たかまつ 裁判をしてから、誹謗中傷は減りました？

春名 めっちゃ減りました。

たかまつ そうかあ。炎上するたびにずっと苦しい思いをするくらいなら、つらくても一度やろうかなあ。お金かかるけど……。

春名 そうなんですよ、かなりお金がかかるんですよ。でも、ぼくの場合、記録をまとめて弁護士さんに渡《わた》して裁判に使えるものを選定してもらったので、心理的な負担は少なかったです。刑事《けいじ》事件の場合は警察でそれを読み上げさせられるので、それはつらいんですけどね。

この本を読んでいる中学生のみなさんにとって、訴訟を起こすのはハードルの高いことだと思います。でも、本当に苦しいときは、また犯罪レベルのいじめにあっているのなら、大人の協力を得て裁判するという方法があることを知っておいてほしいと思います。

炎上なんて、したくない！

春名 誹謗中傷のせいでいいたいことがいえないっていう状況は、やっぱりおかしい。ななさんもnoteに、このままでは「何もいわないのが賢《かしこ》いという、沈黙《ちんもく》社会の幕開け」になる、と書いていましたね。

たかまつ　今もう、そうなりつつあると思います。

そして、私自身もそうなってしまうことがあります。自分なりの意見があって、伝えたいなと思っても、「これをつぶやいたら炎上するだろうな」というのが想像つくようになってしまって。炎上したらネットニュースになるし、その対応にも追われる。どうせ伝わらないんだろうなあ、だったら、つぶやくのやめようかなって。

春名　「注目を集めるためにわざとやってるんだろう、そんなの炎上商法だ」っていう人もいますけど、炎上なんて、したくないですよね。

たかまつ　したくないです！　私は芸人であり、ジャーナリストでもあるのでそれでも発信を続けていますが、こういう仕事をしていなければ「何もいわないのが賢いよね」って思うようになるかもしれない。でも、それじゃあ、政治が暴走しても誰も何もいわない、困っている人がいても誰も何もしない、冷え切った社会になってしまいます。

春名　そんな社会、誰も望んでいないのに。

たかまつ　面と向かえばお互いを気づかうことができるのに、SNS上ではそうなりにくい、というのもあるように思います。私も、直接会った人から「炎上したとき、大変でしたね。

応援《おうえん》していました」といってもらうことはありますが、そういうことがネットの中で起きるかというと、めったにありません。自分の行動を振り返ってみてもそうで、知り合いが炎上しているときに毎回助けに行くかというと、内心では応援していたとしても黙っていることのほうが明らかに多いです。

私自身も含《ふく》めて社会全体がそういう方向に傾いているのを、嫌だなと思います。これでは極端《きょくたん》な意見が一時的に盛り上がることはあっても議論が深まることはないし、分断が進んでしまいます。

春名　炎上の背景には「流し見文化」もあるように思います。書かれていることをちゃんと理解しないままにリアクションしちゃう、という。Xだと基本的に140字しかないですから、いくつか連続投稿することもあります。なのに、一つ目だけを見て反応しちゃう、みたいな。続きを読んでくれればわかるはずなのに……ってことが、よくあります。

これはメディアによって向いている情報とそうでない情報があるってことだと思うんですが、ななさんはメディアごとに発信の仕方や情報を切り換《か》えていますか？

たかまつ　本当に伝えたいことがあるときには、noteにしっかりと長い文章を書いて、Xではその短縮バージョンをつぶやいたりします。最後にnoteへのリンクを貼《は》って、「全部読んでね」というメッセージを添《そ》えて。

そうしようと思ったのは、参院選の前に「1分で分かる政党の選び方」というフローチャートをつくって公開したときのことです。こんなの短絡的《たんらく》だ、ミスリードだ、と叩かれました。もちろん、本当はすべての有権者に各政党の公約を読んでほしいし、街頭演説を聞いてほしい。だけど、私たちは、選挙に行かない人に少しでも関心を持ってもらいたい、適当でいいいやと投票していた人に一瞬《いっしゅん》でも考えてもらいたいという、「0」を「1」にする活動をしているわけです。それを「100じゃないからダメだ」といわれても、嚙《か》み合わないですよね。そこで、自分たちの意図をnoteに詳《くわ》しく書いて、それと組み合わせてXで公開したら炎上しにくくなりました。

あと、YouTubeでは深く話を掘《ほ》り下げることが多いので、どうしても20〜30分の動画になってしまいます。この長さの動画を最後まで見てもらうには工夫が必要で、同時にショート動画をつくってTikTokなどで公開するなど、きっかけづくりをしたりもします。

春名　どんどん思慮《しりょ》深くやらないといけなくなっていますね。

たかまつ　うーん。やっぱり炎上が怖くなっているのかも。簡単につぶやけるのがXのいいところなのに、今はパパッと投稿するのは自分の生活のことくらいですね。それならそんなに炎上しないから……。

だけど、政治や社会問題についてちゃんと話し合わないと、そのツケは結局私たち国民のところへ回ってきてしまいます。

春名　人それぞれ違う意見を持つことは当たり前だと思うんですけど、そのぶつけ方があまりに過激だと、歩み寄りが難しいですよね。

たかまつ　一方を立てればもう一方が立たないような、バランスの取りにくい問題ばかりですしね。それでも話し合って最大公約数を見つけていくしかないのに、その話し合いすらできない状態に陥《おちい》っているのが問題だと思います。

今日の被害者は明日の加害者、かもしれない

春名　ＳＮＳには、情報を適切に選んだり、トラブルを避《さ》けたり、うまく使いこなすコツのようなものが必要なんだと思います。そういう能力を〝リテラシー〟と呼んだりもしますが、どうすれば「ＳＮＳリテラシー」を上げていけるでしょう？

たかまつ　やっぱり「当事者の立場で考える」ということに尽《つ》きると思います。相手がなぜそんなふうに思うのか、感情移入してみる。これをいったら相手がどう感じるか、想像してみる。それだけで見えてくることがあるんじゃないでしょうか。

感情移入したり想像したりする力は、例えば本を読んで登場人物に共感することなどで養

われるものだと思います。もちろん、本に限らず、漫画《まんが》やアニメ、ゲームでもいいですし。言葉というものが人を傷つけ、ときには命まで奪いかねないナイフにもなるってことを、そして自分がそのナイフを握《にぎ》っているってことを理解しておくことが重要だと思います。

それと、「いいね」の機能もよくないのかも。過激であればあるほど、数字が集まってしまいますから。

春名　「いいね」ほしさに、わざと強い言葉を使う人、多いですよね。

たかまつ　はるかぜちゃんがいっていた「流し見文化」も、「いいね」機能と無関係じゃないと思います。「いいね」を稼《かせ》ぐには、スピードがマストですから。感情のままにリアクションせず、書かれていることをちゃんと咀嚼《そしゃく》するには、少し時間がかかります。でも、遅《おそ》いことは、「いいね」を増やすことと相性が悪いんです。

突《つ》きつめると、「何者かになりたい」っていう感情を弱めていくことが必要なのかもしれないですね。「いいね」のために人を傷つける言葉を吐《は》いたり誰かの秘密を暴露《ばくろ》したりするなんて、虚《むな》しいことです。そして、それが真実かどうかもわからないのに「いいね」したりリポストしたりするのもまた、恐ろしいことです。そういう行為はダサい、っていう文化をつくっていきたいですね。ものすごく地道だけど。

春名　そういう空気づくりのためにできることって、何でしょう？

たかまつ　誹謗中傷やデマに反応しないってことじゃないでしょうか。自分が投稿するときだけでなく、「いいね」やリポストをするときにも気をつけないと。拡散する前に、一度立ち止まる。一見いいことをいっていそうでも、冷静に考えてみる。「それって本当なの？」と思ったら、ちゃんと確認する。そして、怪《あや》しいなと思ったら反応しないことです。反応しないことで「そういうのって、かっこ悪いよね」という空気を育てていくんです。誹謗中傷やデマでは「いいね」もフォロワーも稼げないとなれば、自然に廃《すた》れていくと思います。

春名　これからSNSをはじめる人は、どんなことに注意したらいいでしょう？

たかまつ　多くの人は被害者にならないためにどうしたらいいだろうって考えると思うんですけど、私は、今日の被害者が明日の加害者にならないようにすることも大事だと思います。さっき話した、木村花さんのお母さんがおっしゃっていたことですね。自分の正義を貫《つらぬ》こうとするあまり、自分と違う意見に耳を傾けようとせず、誰かを誹謗中傷してしまっているケースがあるということです。

それに、無意識のうちに加害者になっているケースもあると思います。例えばLINEグループで誰かが攻撃《こうげき》されていたとします。積極的に書き込んでいるのは2、3人だったとしても、グループのメンバーは何もいわずにそのやりとりを見ていますよね。その行為には、ある種の加害性が含まれているんじゃないでしょうか。

春名　確かにそうですね。

たかまつ　あと、これは私が実際にやっていることなんですけど、自分だけのLINEグループをつくっています。誹謗中傷を受けてカーッと腹が立つと、すぐにいい返したくなる。でも、そうするとケンカになることもわかっている。そんなとき、書きたいことを書きたいだけバーッと書いて、自分だけのLINEグループに送るんです。一晩寝《ね》てから読み返してみて、それでも送りたければ送ればいいやと思って。でも、大抵《たいてい》、翌朝にはもう送る気はなくなっています。感情的になってしまいそうなときは、誰にも見られないところで1回書いてしまうといいのかもしれないです。

春名　それ、ぼくもやってました！

人と関わることを諦《あきら》めないで

春名　では、もしもSNSでいじめ被害にあってしまったら、どうしたらいいでしょう？中学生の場合、大人みたいに自分の意志で転職したり引っ越《こ》したりできませんし、残念ながらできることは限られています。

たかまつ　まず伝えておきたいのは、いじめられている人は絶対に悪くないということです。

誰かが「いじめられたほうにも原因がある」といったとしても、それは違います。100パーセント、いじめた側が悪いです。
でも、いじめに対抗《たいこう》するために相手と同じことをしてもいいかといったら、それもまた違いますよね。被害にあったときは、やっぱり親や先生に相談するのがいいと思います。親や先生に話したくない場合は、スクールカウンセラーもいいかもしれません。また、18歳《さい》までの子どものための相談窓口「チャイルドライン」、法務省の「こどもの人権110番」、文科省の「24時間子供SOSダイヤル」など、無料で相談できる窓口[*1]があります。

春名　第三者の専門家につながるのって、とても大切ですよね。被害を受けていることを人に伝えるのはものすごく勇気のいることだけど、一人で抱えずに誰かに相談することが、ほぼ唯一《ゆいいつ》の解決策でもあります。
もしかしたら、大人に話をすることに抵抗《ていこう》を覚える人もいるかもしれません。でも、ぼくは小さい頃から子役として仕事をしてきて、ずっと大人に囲まれてきました。そして、大人と子どもって、実はそんなに変わらないなと感じています。大人だろうと子どもだろうと信《しん》頼《らい》できる人は信頼できるし、そうでない人はそうでない。だから、どうか人と関わることを諦めないでほしいです。

たかまつ　普段《ふだん》から、困ったときに頼《たよ》れる人、聞いてくれる人をつくっておけるといいです

＊1　無料相談窓口
チャイルドライン 電話 0120-99-7777（毎日、16:00～21:00）
こどもの人権110番 電話 0120-007-110（平日、8:30～17:15）
24時間子供SOSダイヤル 電話 0120-0-78310（24時間）

ね。もちろん、さっきいった相談窓口を知っておくってことでもいいと思います。
「知っておく」ってめちゃくちゃ重要で、勉強して知識を得ることは大きな力になります。SNSにおいても、どんな言葉を使うと名誉毀損《きそん》や侮辱《ぶじょく》罪、脅迫《きょうはく》罪や強要罪という犯罪に当たり得るかを知っていれば、自分が被害にあっていることに気づけるし、また自分が加害者になることも防げます。位置や個人情報が特定される可能性のある画像を公開しないなど、身を守る術《すべ》も得られます。また、信頼性の高い情報を見分ける方法を知っていれば、根拠《こんきょ》のない嘘《うそ》を拡散して誹謗中傷に加担してしまうこともありません。
そして、実際に被害にあったときも、スクショして記録に残すなどのテクニカルな対応をすることもできます。

春名　クラスメイトや同じ学校の生徒からの被害にあうと、登校するのが怖くなってしまうこともあると思います。ななさんならどうアドバイスしますか？

たかまつ　自分で自分に休むことを許してあげてほしいです。学校に行かずに家

で寝たりゲームをしたりしていると、何だか情けなくなってきて、自分を責める気持ちになることもあると思います。でも、つらい経験をした人には休養が必要です。心のＳＯＳに耳を澄《す》ませて、「〇〇すべき」という考えを手放し、自分をいたわってあげてください。周りの大人も、どうか休んでいることを責めないでほしいです。大人だって、仕事がつらくて休職することがあるし、そうやって休むことで復帰できるんですから。

一つ気をつけてほしいのは、ＳＮＳのいじめ被害をＳＮＳで解決しようとしない、ということです。自分に向けられた暴言を、憂《う》さ晴らしのために人に向けてしまっては、今度はあなたが加害者になってしまいます。また、ＳＮＳで知り合った、顔を知らない第三者に相談するのも危険です。最初は優しく話を聞いてくれるかもしれませんが、残念ながら弱みにつけ込む悪い大人がいます。いつのまにか「裸《はだか》の写真を送ってこい」などといってきて、別の犯罪に巻き込まれてしまうケースもあります。

春名　公的な相談窓口よりも、ＳＮＳで優しい言葉をかけてくれた人を信用してしまう気持ちは、わからなくもないです。でも、ぼく自身、好意を示すふりをしてセクハラをしてくるケースに遭遇《そうぐう》しているので、本当に気をつけてほしいです。

もしもあなたがつらいときは

春名　いじめ被害にあった人が悪い大人につけ込まれてしまうのは、どうしようもなくつらくて苦しいからですよね。そういう心の負担を少しでも軽くするためにできることって、何でしょう?

たかまつ　自分と対話するような感じで、今の気持ちを日記に書くのもいいと思います。言葉にすることで心が落ち着くことって、ありますよね。

体がしんどくなければ気分転換《てんかん》に運動するのもいいし、おいしいものを食べたり、好きな漫画を読んだりもいいと思います。私も、つらかった時期は何をしていても「今、何をつぶやかれているんだろう」ということが気になって仕方がなくて、Netflixで韓国《かんこく》ドラマを見るようにしていました。そうすると、つぶやきも気になるけれど、ドラマの続きも気になる(笑)。嫌なことがあるとNetflixを開くっていうのをクセづけて、「切り換えスイッチ」みたいにしていましたね。こうやって自分で自分の機嫌《きげん》を取るコツを身につけておくことは、大人になってからも必ず役立ちます。

春名　ぼくの切り換えスイッチは、紅茶などのあったかい飲みものでした。「あたたかいものを飲むと元気になる」っていう暗示を自分で自分にかけていました。

たかまつ　そんなにつらかったんだね……。

春名　つらいときこそ、衣食住の充実に気を配ってほしいです。ななさんのいうように、おいしいものを食べたり、あとはお気に入りの雑貨を買ってみたり、新しい服を着てみたり。メイクをする子なら、普段と違うメイクをしてみるのもいいかも。

　あと、睡眠《すいみん》不足になると気分が落ち込んできちゃうので、質のいい睡眠を十分に取ってほしいです。無理に眠《ねむ》ろうとするのも、それはそれで苦しいんだけど。

たかまつ　きっとなかなか眠れないですよね。カウンセリングを受けたり、精神科などの医療《いりょう》機関にかかったり、また薬を処方してもらうのもいいと思います。まずは、自分の心の安全を守ることがいちばんですから。

春名　ぼくが気分を上げるのに効果があるなあと思ったのは、人を褒《ほ》めることです。このコロナ禍の間に発見したことなんですけど。カメラを買って仲のいい友達を撮影《さつえい》していたときに、「いいねえ！」「かわいいねえ！」ってグラビアのカメラマンばりに褒めちぎりながらやってみたら、これがめちゃくちゃ楽しくて（笑）。褒められて嫌な気分になる人ってそんなにいないから、相手も笑顔になってくれる。相手が笑顔になると自分も笑顔になる。目の前

の人が幸せそうだと、自分もちょっと幸せになれるんですよ。
褒められた相手が今度はこちらを褒め返してくれるっていう連鎖《れんさ》もあったりして。友達同士で「かわいいねえ！」って褒め合うわけで、そうやっているともういろんなことが馬鹿馬鹿しくなってきちゃうんで、おすすめです。

たかまつ　友達にしても、学校や塾《じゅく》の先生にしても、自分のことを認めて褒めてくれる人と一緒にいるって、大事なことですね。こちらがいつも気をつかって機嫌を取らなきゃいけないような人は友達じゃないと思うし、「なんでそんなことすんの？」とか「あれもダメだった、これもダメだった」とか、頭ごなしに否定してくる人からは離《はな》れたほうがいいです。

春名　いじめられているほうは、だんだん「自分がよくなかったんじゃないか」って思うようになってしまうんですよね。ぼく自身、裁判が終わりかけの頃に過去の書き込みを目にする機会があって、「自分がいけなかったのかなあ」っていう思いがよぎりました。もしかしたら誹謗中傷を受けていたときより、そのときのほうがしんどかったかもしれないです。

たかまつ　いじめられているほうは絶対に悪くない。そういうメッセージを大人も発信し続けないといけないですね。しつこいくらいに。
自分に自信が持てないと、「私が悪いんだ」と思ってしまいがちです。そんなときに、「それでもやっぱり生きよう」と思えるかどうかは、心のどこかに自分を肯定する気持ちが残っているかどうか、だと思います。誰か一人でも「あなたが存在しているだけでうれしい」という愛を伝えてくれたなら、そういう気持ちを失わずにいられるんじゃないでしょうか。

そんな愛を伝えられるのは、第一にはやっぱり親だと思います。私は、両親には充実した教育環境を与《あた》えてもらってすごく感謝しているんですけど、手放しで褒められたり、愛していると言葉で伝えてもらったりした経験があまりなくて、いまだに自分のことを無条件に肯定することができずにいます。子どもの頃から常に自分と他人を比較《ひかく》して、人より劣《おと》っているところを見つけては落ち込んでいました。今もそのクセが抜《ぬ》けないから、エゴサーチして自分のことを認めてくれる人を探してしまうんです。誹謗中傷にあったときはなおさら、そうしてしまうんですよね。どこかに味方がいるんじゃないか、気持ちをわかってくれる人がいるんじゃないかって。もし自分に自信を持てていたら、そんなことする必要なんてないんですよね。

例えば、フィンランドの教育では、誰かと比較して評価をつけたりしないんです。その子自身が成長したかどうかだけを見るので、基本的にはずっと右肩上《みぎかた》がりの線を描《えが》いていくことになります。そうやって、自分ができたことに注目するといいんだと思います。長所と短所って裏返しのことが多いし、自分の個性をいいところとして捉《とら》えていくようにマインドを変えていけたらいいですよね。

春名　自分で自分を褒めるのって、大事ですね。

たかまつ　私にとってはすごく難しいことなんですけどね。でも、仕事仲間との合宿ではお互いの「いいところ探し」をしたりします。売上を伸《の》ばすには……なんて話をしていると、どうしても反省ばかりになってしまって。ところが、いいところ探しをしてみると、前はできていなかったことができるようになっていることに気づけます。ほかの人に比べればまだ足りなかったとしても、それは関係ないんです。

そうやって心に余裕《よゆう》が持てると、いじめている側のことを冷静に客観視できるようになります。自分が悪いわけではない。この人がおかしいんだと。そして、この人、何かつらいことがあるんだろうな、苦しんでいるんだろうなって。そのためには、しっかり休んで、ありのままの自分を受け入れてあげることです。

大切な人を守るには

春名　今度は親の立場になって考えてみたいと思います。もしもわが子がSNSのいじめ被害にあっていたら、どうしたらいいと思いますか?

たかまつ　まずは、お子さんを否定しないこと、よく話を聞くことだと思います。でも、本人が話したくないことは無理に聞き出そうとしないこと。そして、自分たちだけで解決しようとしないことです。大人だって、どこからどこまでが誹謗中傷と呼べるのかわからないですよね。だから、カウンセラーや弁護士など、信頼できる第三者にしっかりつながってほしいと思います。親にいえないことも第三者にならいえる場合もあるでしょうし、親が子どもの話をすべて聞き出さなきゃならない、というわけでもないと思います。解決のための選択《せんたく》肢《し》をできるだけたくさん用意して、お子さんと一緒にどれを選ぶかを考えられるといいんじゃないでしょうか。

あとは、本人のペースに合わせてあげてほしいです。「ああしろ、こうしろ」っていわれるのは誰だって嫌だし、やりたくても気力がなくてできない場合もあると思います。例えば、カウンセラーの予約を取っていたのに、当日になってお子さんが「行きたくない」と訴《うった》えることもあり得ます。そんなときも、どうかめげないでほしいです。忍耐《にんたい》のいることですが、親のつらそうな顔を見るのは子どもにとって本当にきついことなんです。たとえうまく運ばないことがあっても「ま、いっか。おいしいものでも食べようか」くらいでいてくれたなら、子どもにとってきっとラクだと思うので。

春名　ぼくもそう思います。では、友達の場合はどうでしょう？　クラスメイトがSNSでいじめ被害にあっているとき、何ができるでしょうか。

たかまつ　じっくり話を聞いたり、一人じゃないよって伝えたり、少しでも寄り添ってあげられたらいいですよね。いじめられている子を庇《かば》うと、今度は自分がいじめられるかもしれない……。そういう恐怖《きょうふ》もあるでしょうから、こっそりでもいいと思います。そしてやっぱり、スクールカウンセラーなどの第三者につなげることだと思います。

春名　第三者、できれば専門的な知識を持っている人に入ってもらうのがいいというのは、一貫《いっかん》していることですね。

たかまつ　その子の性格にもよりますが、誰かを救うために無理をして不幸になってしまっては元も子もありません。例えば友達が川で溺《おぼ》れていたとして、無理して飛び込んでは二人とも溺れてしまいます。だったら、少しでも早く救助隊を呼ぶほうがいいはずです。

先生にいうのは告げ口みたいで嫌だなと感じるなら、相談窓口を調べるとか、一度代わりに電話してあげるとか。いじめられている本人は調べる気力もないくらいに苦しんでいるはずなので。さっき話したように「知っておく」ことは重要なんだけど、被害にあってしまうと知ろうとする元気すらなくなってしまいますから、代わりに調べたり、情報を持っていそうな人につないだりできるといいかもしれないですね。

何者にもならなくていい

春名　さまざまなリスクがあるとはいえ、今はインフルエンサー（SNSでの発信などを通して世間に大きな影響を与える人物）が一つの職業として認められていて、憧《あこが》れている人も少なくないと思います。インフルエンサーになりたい人に、アドバイスはありますか？

たかまつ　うーん、インフルエンサーになりたいって思わないこと、でしょうか。

春名　わかるような気がします。

たかまつ　SNSは手段でしかないので、インフルエンサーになることよりも「何をインフルエンスしたいのか」で職業を選んだほうがいいと思うんです。

　職業選びって、奥《おく》が深いものです。例えば、お笑いが好きだからお笑い芸人になりたい、というのはちょっと安直すぎるかも。同じ「お笑い好き」でも、企画《きかく》を考えることに興味があるなら番組のプロデューサーや構成作家が向いているかもしれない。人を支えることにやりがいを感じるなら、お笑い芸人のマネージャーとして力を発揮できるかもしれない。人を笑顔にしたいと思うなら、お笑い芸人もいいだろうけど、それが実現できる仕事はほかにもたくさんあります。

インフルエンサーになりたいというのは、そういうのを全部飛び越えてしまっていて、ちょっと目的がずれている気がします。その背景には「何者かになりたい」という欲があるんだと思いますが、何者にもなろうとしなくていい、というか。

春名　人に認められたいという気持ちはみんなが持っているものだけど、間違った形でそれを満たそうとしない、ということでしょうか。

たかまつ　さきほどの「自分を肯定する気持ち」と関係していそうですね。自分に自信が持てていたら、人に認められたい気持ちが膨《ふく》らみすぎることもないのかもしれません。私自身、ずっと自分に自信がなくて、でもその一方で、人に認められたい気持ちばかりが強くなって、すごく生きづらいです。人に比べて自分はできていないから、人の何倍も努力して、人より少しでも上を目指すべきだ――そう思い込んで生きてきて、ずっとそういう考えに縛《しば》られています。これが一生続くって、しんどいです。芸能界には実は私と似たような人がたくさんいて、そういう人たちはみんな幸せじゃなさそう。自分を愛することも、認めることもできない生き方をすると、不幸になりやすいというのを知ってもらいたいです。

一方、自分の軸《じく》をしっかり持っていて、周りに振り回されない人は、本当に楽しそうです。お笑い芸人でも、賞レースで優勝することに賭《か》けている人よりも、ただただお笑いが好きで、単独ライブで自分のやりたいことを追求している人のほうが結局は強いですし。勉強も同じです。人より上に行くために勉強するよりも、興味があって知りたいから勉強するほうが、遥《はる》かに楽しそうじゃないですか。実際、ある分野に夢中になっている人こそ、本当のプロフェッショナルになっていますよね。

春名　その通りですね。ぼくたちは、何者かになることを意識させられすぎていると思います。ぼく自身もそうで、Xを控《ひか》えるようになったときにものすごく落ち込んだのは、自分が何者でもなくなってしまったような気がしたからだと思います。

やたらと選択肢がありすぎるってことも一因ですよね。世の中にはこんなにも多様な選択肢があるのに、自分はまだ何も見つけられていない……と焦《あせ》ってしまう。そうはいっても、今の時代、大企業《きぎょう》に入ってもいつダメになるかわからないし、ブラック企業に捕《つか》まるかもしれないし、一体何になればいいのかわからないという不安の声を聞きます。

たかまつ　だからこそ、人からの評価や人との競争の悪循環《あくじゅんかん》から抜け出して、自分が本当に没頭《ぼっとう》できるものを見つけられるといいですよね。学校で勉強するのはそのためだといってもいいくらいだと思います。学校では、みんながみんな、いろんな科目をやらされますよね。それって、大人になって全部必要かといったらそうじゃありません。それでもやったほうがいいのは、自分の興味関心を探ることができるからじゃないでしょうか。ゆっくり時間をかけて、自分が楽しいと思えるもの、心の底からわくわくできる世界を見つけていけたらいいんじゃないかなと思います。

memo

ななさんが教えてくれたこと

ななさんの話をみなさんに知ってもらうことができて、本当によかった。いじめ被害にあっているとき、優しい言葉をかけてくれる人はたくさんいる。でも、当事者に寄り添って真《しん》剣《けん》に向き合い、具体的な解決策やつらいときの対処法を一緒に考えてくれる人はあまりいないよね。ななさんが伝えてくれたことを振り返ってみよう。

✔いじめられている人は悪くない

このことは、ぼく自身も第一に伝えたかったことだ。誰が何といおうと、いじめられている人は絶対に悪くない。ＳＮＳにあることないこと書かれ、よく知りもしないのにそれを信じる人がいて、さらに拡散されていくうちに、書かれている本人ですら何となくそんな気がしてくる。悪意のある言葉や集団での暴力はそのくらい強くて、心が麻痺《まひ》してしまうことがあるんだ。だけど、いじめられている人は弱い人間でもダメな人間でもない。そう思わされているだけだ。だからまずは、ゆっくりと深呼吸して。少しずつでいいから、かけられた呪《のろ》いを解いていこう。

✔第三者に相談しよう

いじめ被害にあってしまったら、どうか一人で抱え込まないでほしい。もしかしたら、こんなの「被害」っていうほどでもないのかな、と迷うかもしれない。それでも、被害にあっていることに気づかずに傷を深めてしまうようなことは避けてほしい。あるいは、被害が深刻であればあるほど、知られたくないという気持ちが強くなると思う。家族の前では何もなかった頃の自分でいたいし、本来の自分でいられる最後の居場所を守りたいというのもあるんじゃないかな。ぼく自身、そうだった。

でも、解決への道は人に相談することでしか開けなかったりする。親や先生にいいづらいなら、スクールカウンセラーでもいい。ななさんが教えてくれた公的な相談窓口を利用するのもいいと思う。ただし、中には信頼できない大人もいる。この人はちゃんと話を聞いてくれないなと思ったら、迷わず別のところへ移ってほしい。相談窓口は一つじゃない。

✔自分を肯定してあげよう

いきなり自分を肯定しようといわれても、難しいかもしれない。だから、数え方を変えてみるのはどうだろう。できなかった自分を数えるより、できた自分を数えてみるんだ。それも難しいなと感じたら、自分の近くにいる人に対してやってみるのもいいと思う。◯◯さんはここがいい、◯◯ちゃんはここがすごい、◯◯くんはあれが得意、というふうに。すると、あ、この点は自分にも当てはまるかも、というのが見えてくるんじゃないかな。人のいいところに気づきやすくなると、自分のいいところにも気づきやすくなると思う。

第3章

どんな
解決策がある?

いじめ探偵 阿部泰尚さんと話す

WORLDLY WISDOM
FOR 14 YEARS OLD

阿部《あべ》泰尚《ひろたか》さんのこと

阿部泰尚さんのことを知ったのは、知人から『いじめ探偵《たんてい》』という漫画《まんが》をもらったのがきっかけだった。いじめによって追いつめられた人に寄り添《そ》い、ともに闘《たたか》って解決へ導いてくれる、めちゃくちゃ頼《たよ》りになる私立探偵のお話だ。「そんなのフィクションの世界のことでしょ」って思うだろうか？

漫画『いじめ探偵』は、探偵として「いじめ相談」を受けている阿部さんの実体験がベースになっている。そう、「いじめ探偵」は本当にいるんだ。尾行《びこう》や聞き込《こ》み、録音や録画など、探偵としての経験と技術を駆使《くし》していじめの証拠《しょうこ》を集め、学校や加害者側と交渉《こうしょう》する。ときには裁判をサポートする。阿部さんは、そんな「いじめ調査」の第一人者だ。

いじめの問題は、とかく「逃《に》げていい」という言葉で締《し》めくくられがちだ。確かにそれは間違《まちが》いじゃなくて、理不尽《りふじん》な状況《じょうきょう》に耐《た》え続ける必要なんてない。だけど、いじめられている側が学校に行くのをやめたり転校したりしなければならないこともまた、理不尽だと思う。ぼくはそのことにずっとモヤモヤしていた。

だから、阿部さんのように真正面からいじめに向き合い、しかも「解決」する術《すべ》を知っていて、実践している人がいることに驚《おどろ》いた。SNSの浸透《しんとう》によって複雑化しているというじめの現状について、そして解決へ向けた具体策について、阿部さんに話を聞いてみよう。

いじめ探偵って、どんな仕事？

春名　阿部さんは、日本初の「いじめ探偵」として、これまでたくさんの案件に関わってこられました。そもそも、どうして「いじめ」を扱《あつか》うようになったんですか？

阿部　僕《ぼく》が探偵事務所を開いたのは、今から20年ほど前のことです。当初は、行方不明人の調査、詐欺《さぎ》の調査、それから浮気《うわき》調査などが主な仕事で、いじめを扱うなんて考えてもいませんでした。ところが、事務所を開いて1年ほど経《た》った2004年の秋、「娘《むすめ》が不良になってしまったから、その原因を調べてほしい」という依頼《いらい》が入ったんです。

春名　それだけ聞くと、結構無茶な依頼ですね。

阿部　正直、僕もそう思いました。でも、とにかく一度話を聞いてほしいというので、会うことにしました。依頼人は40代の男性。娘さんは、某《ぼう》有名私立女子中学校の2年生でした。お母さんと仲がよく、これまで問題を起こしたことのない真面目な子だといいます。それが、ある日突然《とつぜん》万引きで補導され、学校から謹慎《きんしん》処分を受けた、と。

依頼人であるお父さんは「いじめ」という言葉は使いませんでしたが、僕には「ひょっとして、誰《だれ》かにやらされているんじゃないか」という直感がありました。ただ、これがいじめの問題だとしたら、僕にできることはないなと思って断りました。なぜなら、いじめが起きているのは主に学校であり、その学校には、部外者である僕たちは入れませんから。ところが、そのお父さんは「どうか調査してほしい」と食い下がります。何度か断ったものの、結局引き受けることになりました。

翌日から、早速娘さんの尾行を開始しました。学校にいる間は何もできないので、家から学校、学校から塾《じゅく》、塾から家への道のりを追いました。調査の結果は、僕の予想通りでした。娘さんは、数人の同級生から万引きを強要されていたんです。調査員が塾帰りの彼女《かのじょ》を尾行したところ、コンビニの前で同級生から「やれよ」といわれているのが聞き取れました。

春名　いじめの真相が明らかに！

阿部　そうです。いじめというか、暴力や言葉で相手を脅《おど》して万引きをさせるのは、明らかに犯罪行為《こうい》です。

しかし、調査員が聞いただけでは「証拠」としては弱い……。僕たち探偵の仕事は、交渉や裁判でちゃんと役に立つ、動かぬ証拠をそろえることです。そこで、今度は娘さんに調査していることを打ち明け、自ら動いてもらうことにしました。探偵の業界用語で「当事者録音」というのですが、被害《ひがい》の証拠を残すため、彼女自身に同級生との会話を録音し、決定的な証拠を取ってもらうことにしたんです。

ほどなくして、リーダー格の同級生の「盗《と》ってこいよ」という声をしっかり録音することができました。調査員が、少し離《はな》れたところから動画も撮《と》りました。また、それまでの尾行調査によって、加害者側の同級生全員の名前と住所も判明していました。完璧《かんぺき》な証拠がそろったわけです。

春名　すごい……。

阿部　僕たち探偵の仕事は、依頼人や学校側から特別な要請《ようせい》がない限り、ここまでです。このケースでは、依頼人のお父さんが学校側に証拠を突《つ》きつけ、娘さんの謹慎処分が撤回《てっかい》されました。加害者側の同級生については、リーダー格の子は転校したそうです。それ以外の子はクラス替《が》えでバラバラになり、集団が解体したと聞いています。

春名　まさに「解決」したんですね。

阿部　そうなんです。でも、この案件を通して、今のいじめの実態を知ってしまいました。

僕が中学生だった頃《ころ》のいじめは、不良っぽい男の子同士が殴《なぐ》り合ったり、あるいは使いっ走りをさせたりといった「強さ」を見せつけるための行為で、わりと単純なものでした。けれども、今起きているいじめは質が違う。また、証拠があるのとないのとでは、学校側や加害者側の対応がまるで違うことも目の当たりにしました。「これはもしかしたら僕たち探偵の力が必要とされているかもしれない」と思ったんです。

春名　いじめ探偵の誕生！　しかも、阿部さんは、いじめ相談については無償《むしょう》で引き受けているんですよね？

阿部　まったくの無償です。

春名　でも、調査員の方のお給料や、尾行のための交通費、録音や録画の機材など、何かとお金がかかりますよね。

阿部　その通りです。現在、いじめ相談は「NPO法人ユース・ガーディアン」として引き受けていて、基本的には寄付金でまかなっています。NPOとは別に、通常の依頼を引き受ける探偵事務所も運営していますので、そちらで稼《かせ》いだお金を活動に充《あ》てたりもします。それでもカツカツで、遠くの依頼人へ会いにいくため、飛行機代を節約して何時間も車を運転することもあります。

春名　それはきつい……。でも、助けを求めている人にとって、無償であるかどうかはものすごく大きいと思います。阿部さんのところに入るいじめ相談は、どのくらいの数になるんですか？

阿部　1か月に100〜120件くらいです。ただし、夏休みが終わる頃には毎年その倍になります。8月の20日くらいから相談が増えはじめて、深夜も電話がバンバン鳴ります。

　僕たちが直接動かなくても解決の道が見つかりそうな場合は、状況に応じた対処法をアドバイスします。実際、親御《おやご》さんや学校が本気で取り組めば解決できるケースは多いです。何といっても、いちばん近くにいる大人ですからね。ちゃんとコミュニケーションを取って向き合えば、随分《ずいぶん》違うはずなんです。一方で、犯罪性が高いものや対応が困難だと思われるものの場合は調査を引き受けます。現実的には、月20件引き受けるといっぱいいっぱいです。

春名　引き受けてから解決まで、どのくらい時間がかかるものですか？

阿部　親御さんも学校も協力的であれば、もちろんスムーズです。話し合いの時間を考えると1、2か月、というところでしょうか。学校が非協力的でも教育委員会が協力的であれば半年くらい、両方とも反発してくるようだと1年かかったりします。さらには「第三者委員会」といって、専門的な知識を持つ外部の人たちによる調査が必要になったりすると、3年以上かかったりします。

春名　なかなかの長丁場《ながちょうば》ですね。

阿部　保護者の方や支援《しえん》団体の方など、関わる人が増えれば増えるほど時間がかかります。途中《とちゅう》で大人同士がケンカをはじめちゃったりするので。そうなると、間に入って「なんで揉《も》めてるんですか？」と話を聞いて。聞くだけ聞くと大抵《たいてい》みんなすっきりするんで、「じゃ、仲よくやりましょうよ」と取りもって。

春名　それはもう、いじめ相談ではなく、大人のいざこざだ……。阿部さん自身、ストレスが溜《た》まりませんか？　どうやってメンタルケアをしているんでしょう。

阿部　僕は「グチのツボ」というのを持っていまして。

春名　え？

阿部　仲間たちが「阿部ちゃん、いつもがんばってるから何か買ってあげるよ」とプレゼントしてくれたものなんですけどね。そのツボに向かって「早く帰りたーい」とか、グチを吐《は》いています（笑）。

春名　効果ありそう（笑）。

巧妙《こうみょう》化するいじめ

春名　いじめ相談をしてくる子は、年齢《ねんれい》層としてはどのくらいが多いですか？

阿部　これまでは中学生が多かったんですが、最前線で相談を受けている僕たちとしては、だんだん年齢が下がってきたように感じています。データ上は、おそらく今も中学校でのいじめが最多ということになっていると思いますが、5年前なら中学校や高校で起きていたようないじめが、小学校高学年くらいで起きています。

春名　昔なら先生や親御さんだけでも把握《はあく》しやすかった小学生同士のいじめが、もうそうではなくなっている、と。

阿部　手口が巧妙になってきているんです。例えば、情報操作型のいじめです。「あの子のお父さん、会社クビになったらしいよ」とか、「あの子が誰それの悪口いってたよ」とか、ある子にとって不利な情報をわざと流して、だんだんと孤立《こりつ》させていくんです。しかも、噂《うわさ》を流しているのは子分にすぎず、主犯格は奥《おく》に隠《かく》れています。そういう複雑でテクニカルな、つまり「バレにくい」いじめが小学生の間で起きていたりします。

春名　いじめと一口にいっても、その実態はさまざまですね。

阿部　いじめには、大きく分けると「暴力」と「非暴力」の二つがありますが、その中身は多様化しているといえます。

　非暴力のいじめが巧妙化している一方で、暴力のいじめも様子が変わってきています。例えば、男女混合型。女の子が男女混合の集団に暴力を受けるケースがあります。頬《ほお》をビンタするといったレベルではなく、骨折するほどやられてしまう。

春名 男の子同士が決着をつけるために殴り合う、といったこととは別次元ですね。

阿部 本人たちなりの道理みたいなものは、そこにはないですね。親御さんに愛されて、暴力などまったく知らずに育った子が、いきなり殴られたり蹴《け》られたりしたらどれほどつらいか。しかも、昨日まで友達だと思っていた子たちから。1時間も2時間も、延々と。「助けてください、許してください」という言葉も届かず、痛くて、苦しくて、自分という存在が認められていないということを思い知らされるんです。

そういうどうしようもなくつらい経験をした子は、いじめを解決する前に、まずは精神科医やカウンセラーなどのサポートが必要なケースが多いです。

春名 本当にひどい……。

阿部 犯罪ですから、警察に入ってもらうこともあります。でも、実際には簡単じゃありません。みんな「警察に動いてもらえばいいじゃないか」っていうんですよ。僕たちだって動いてほしいと思っています。だけど、地域によって警察の対応にかなりの違いがあり、もっといえば、たまたま担当した警察官次第というのが現状です。やる気のある人だったらいいけど、そうじゃないと軽くあしらわれたりして、もう、税金払《はら》いたくなくなりますよ。

春名 だからこそ、いじめ探偵の集める「動かぬ証拠」が重要なんですね。とはいえ、さきほどの情報操作型のいじめのように手口が巧妙化してくると、証拠が集めにくいケースもあるんじゃないでしょうか?

阿部　そうですね。これは証拠の取りようがない、という場合があります。さっき話したように、ある子が悪い噂を流されて孤立させられたとします。その噂を誰が流したのか……それを突き止めるのはなかなか難しいことです。

そういうときによくやる手法の一つに「リレーション調査」というのがあります。〝リレーション〟とは〝関係〟という意味で、人と人との関係をたどっていくやり方です。まずは

被害にあっている子に話を聞くときに、「協力してくれそうな子はいる？」という質問をします。次に、そこで名前のあがった子に話を聞きに行くんです。

未成年の子にいきなり話を聞くことはできないので、最初は親御さんに事情を説明することになります。「これこれこういう事情なので、解決のために協力してください」と。ほとんどの親御さんは「子どもの負担になるのでやめてください」といいます。それでも丁寧《ていねい》に説明をくり返し、ものすごく時間をかけて説得します。やっと承諾《しょうだく》を得て話を聞けたら、今度はその子に「このことを知っている子、ほかにいない？」と聞きます。そこで名前があがった子に、また話を聞きに行きます。

ここで、もう一度親御さんの説得からはじめることになります。気の遠くなるような道のりですが、これを3人ほど続けていくと、次第に親御さんたちの間に連携《れんけい》が生まれ、「あの子なら知っているんじゃない？」などと協力してくれるようになります。親御さんを説得する過程で、「〝いじめ防止対策推進法〟という法律があるんですよ」とか、「クラスの雰囲気《ふんいき》がこんなふうになったらいいですよね」といった話をあえて積極的にしていくと、保護者の間に「いじめをなくそうよ」という空気が生まれてくるんです。

学校の先生たちは、そういう空気に敏感《びんかん》です。少し前まで知らんふりしていたのに、「僕たちもやりますよ」なんていってきます。ここまで来れば、リレーション調査が功を奏したといえます。

春名　一人でも協力してくれる子がいると、そこから解決につながっていくという。

阿部　「傍観者層《ぼうかんしゃそう》」と呼ばれる子たちがいますよね。いじめに積極的に関わるわけじゃないけど、その場の雰囲気で軽くのっかっちゃったり、見て見ぬふりをしたりしてしまう子たち。そうしておかないと、次は自分がやられるかもしれないっていう恐怖心《きょうふしん》があるのもわかります。でも、そういう子たちの中には、「これって、よくないな」とか「気分が悪いな」と思っている子が必ずいるんです。

忘れられない「悪魔《あくま》の証明」

春名　阿部さんはインターネット上でのいじめ問題にも携《たずさ》わっていますが、SNSが絡《から》むいじめで、印象に残っているケースを聞かせてください。

阿部　中学1年生の女の子からの相談で、こんなケースがありました。仮に、その子の名前をA子さんとしておきましょう。

あるとき、X（旧Twitter）にA子さんの通う中学校にまつわるアカウントがつくられました。できたばかりの頃は「2階のトイレのドアがずっと閉まっている」とか「理科室の怪《かい》談《だん》」とか、よく見る「あるある」ネタばかりでした。その中学校の生徒や先生、部活の公式アカウントなどがフォローして、それなりに人気がありました。ところが、次第にポストの内容が変わっていったんです。特定の生徒や先生、部活の悪口をつぶやくようになり、その内容もどんどん悪質になっていきました。

やがて、人気アカウントから一転、今度は「一体誰がこんなことをつぶやいてるんだ？」と犯人探しのようなことがはじまりました。そこでターゲットにされたのが、A子さんです。彼女はその中学校に転校したばかりで、まだ友達も多くありませんでした。そんな中、「あれはA子の仕業《しわざ》だ」という噂が流れたんです。

もちろんA子さんは潔白です。でも、噂を真に受けた生徒たちから距離《きょり》を置かれるようになりました。Xに悪口を書かれた先輩《せんぱい》からは呼び出され、責め立てられます。自分は何にもしていないのに……。困り果てたA子さんが先生に相談すると、「Xとか、そういうのわかんないから」と突き放されてしまいました。

春名　そこで、阿部さんに相談が来たわけですね。

阿部　比較的《ひかく》早い段階で相談してくれたのが幸いでした。調査する側としては、「やっていないこと」を証明するのは「やったこと」を証明するよりも遥《はる》かに難しく、「悪魔の証明」などと呼ばれます。でも、相談してくれたとき、彼女のスマホや自宅のWi-Fiにまだ履歴《りれき》が残っていました。そこで、スマホとWi-Fiのすべての履歴を調査して、彼女がそのXアカウントにログインしていないことを客観的に証明することができました。

春名　よかった！　だけど、噂を流したのは誰だったんでしょう？

阿部　それについても調査をしました。調査を進めるうちに協力してくれる子も出てきて、その子たちと連携しながら情報収集した結果、ある二人の生徒が噂の発端《ほったん》であることがわかりました。しかも、二人は問題のXアカウントをつくった張本人でもありました。

春名　二人はどうして嘘《うそ》の噂を流したんですか？

阿部　Xにフォロワーがついて、調子にのってあれこれつぶやいているうちに度を越《こ》してしまい、あるとき「やばい！」と気づいたんでしょうね。今さら自分たちだと知られるわけにもいかず、誰かになすりつけようとしたわけです。転校してきたばっかりのA子さんならちょうどいい、と思ったんでしょう。

二人は、噂を流すためにLINEを使いました。ここでまた、別のSNSが使われたわけです。最初は小さなLINEグループでの発信でした。でも、その中の誰かが今度は部活のグループで発信し、その中の誰かがさらにクラスのグループで発信し、それがくり返されて、あっというまに拡散してしまいました。

春名　A子さんの名誉《めいよ》は回復されたんですか？

阿部　もちろんです。専門機関が調査した結果、A子さんではないことが証明されたこと。根拠《こんきょ》もなく犯人扱いするのは、「冤罪《えんざい》」といって、無実の人に罪をかぶせる許されない行為だということ。そして、それをされたA子さんがどれだけ苦しい思いをしたか。これらを学校から生徒たちにアナウンスしてもらいました。

　すると、生徒たちからの謝罪の手紙がA子さんに届いたそうです。1通や2通でなく、ポストからあふれるほど。呼び出しをした先輩も、ちゃんと謝りに来たそうです。そのうちに、だんだんとA子さんの表情が明るくなっていきました。それを見ていた僕たちは、証拠集めやカウンセリングより、何といっても友達の存在が大きいんだなと実感しました。

春名　加害者の二人はどうなったんでしょう？

阿部　名前を明かすと今度はその二人がいじめのターゲットになる可能性が高いということで、公表はされませんでした。本人たちが「A子さんを陥《おとし》れたわけじゃない」と主張していたこともあり、反省を促《うなが》すに留まりました。でも、僕は、あの二人はA子さんを狙《ねら》って、わざとやったと思っています。二人とは直接話をする機会もありましたが、目がめちゃくちゃ泳いでいました。

春名　阿部さんに嘘はつけませんね。今のケースをお聞きして、学校側がどのようなスタンスで対応するかが解決への道を大きく左右するなと思いました。

阿部　このケースでいちばん苦労したのは、そこです。ＸやＬＩＮＥって単語が出てきただけで、年配の校長先生は耳を傾《かたむ》けてくれなかったですもん。「僕にはわからないから、まとまったら報告して」みたいな感じで。それならと若い先生に説明しても「僕、Ｘやってないんで」といわれてしまったり。

仕方なく、膨大《ぼうだい》な量の資料をプリントアウトして提出しました。履歴などの証拠に加え、今回のことにＸのどんな機能が使われたのか、その機能とはどんなものかを説明する書類まで用意しました。ずっしりと分厚い書類の束を見た先生たちは、それを読んで……というよりも、その量に圧倒《あっとう》されてようやく腰を上げてくれました。

ＳＮＳいじめの現状

春名　阿部さんから見て、リアルないじめとＳＮＳいじめの最大の違いはどんなところにありますか？

阿部　ＳＮＳいじめの特徴《とくちょう》の一つは「いつでもどこでもやられてしまうこと」です。スマホは常に目の前にあるものですから、そこでいじめが起きると逃《のが》れられません。僕がいじめ相談を受けはじめた頃は、まだＳＮＳというものがありませんでした。そのため、いじめにも休止期間があったんです。家に帰れば安全だったし、週末になれば忘れられた。夏休みには1か月間いじめから解放されました。でも、SNSが浸透してからというもの、24時間、365日、いじめられ続けるという状況が起きるようになりました。

もう一つ、「いじめる側の人数が多い」ことも特徴といえます。リアルないじめの場合、加害行為をする側は2、3人である場合が多いんですけど、SNSいじめでは大勢からの集中攻撃《こうげき》を食らう場合があります。

春名 それは大人でも耐えがたいことです。

阿部 実をいうと、僕自身もインターネット上で誹謗《ひぼう》中傷の被害にあったことがあるんですが、集中攻撃を受けたときの気持ちの落ち方って、ハンパじゃないんです。スコーンと落ちてしまう。あと少しの刺激《しげき》が加わったら、もう生きていられないかもしれない……というほどに。この一斉《いっせい》集中攻撃による衝撃《しょうげき》の大きさは、危険だと思います。

春名 ぼくが思うに、普段《ふだん》まったく接点のない人から攻撃される可能性があることもまた、SNSいじめの特徴だと思います。阿部さんが関わったいじめ相談の中に、そういうケースはありましたか？

阿部 ありましたね。加害者がまったく無関係の人だった、ということもありますし、知ってはいるけどあまり話したことのない人、くらいのこともありました。

春名　隣《となり》の学校の人とか？

阿部　いいえ、同級生の保護者が加害者だった、というケースです。自分の子とよその子を比べて、やっかみから嫌《いや》がらせをしていたんです。

春名　それは意外……といいたいところですが、実は、子役の世界ではめずらしくないことだったりします。だけど、どうして保護者が加害者だとわかったんですか？

阿部　そのケースでは、被害者の子はXでの誹謗中傷に悩《なや》まされていました。同級生と思われる人物から嫌がらせのようなポストがくり返されて、相談に来たんです。

　このような場合、弁護士さんにお願いしてポストしているのが誰なのかを特定してもらうのが正攻法《せいこうほう》です。「発信者情報開示請求《せいきゅう》」といって、そのSNSを運営している会社に発信者の情報をオープンにしてほしいとお願いするやり方です。春名さんを含《ふく》め、たくさんの方々が闘ってきたおかげで今では随分改善されましたけど、当時はまだかなりのお金と時間を要しました。

　そこで、調査員がX上で情報収集することにしました。ポストの内容をきちんと整理していくと、何となくわかってくるんです。クラスのことを書いていても、詳《くわ》しいことはわかってなさそうだな、とか。部活のことを書いているけど、リアリティがないな、とか。さらに、こちらも同級生をよそおって「私もムカついてます」などとDM（ダイレクトメール）したりもします。そうやってやりとりをするうちに、だんだんとボロが出てきます。生徒のふりをしているけれど、本当は違うなって。いろんな情報を総合的に考えると、あの人じゃないかなって。

相手がわかれば、あとは直接会って「やめてください」と伝えます。とぼけるようなら「じゃあ、スマホ見せてもらえます？」といいます。「今見せて、ここで終わらせるか、それとも警察や裁判所を通すか。どちらにしますか？」と。

春名　なるほど。SNS上の情報やコミュニケーションを頼りに証拠を集めるんですね。

阿部　そういうことです。

春名　今のケースでは、SNSから拾った個人情報によって加害者の特定に至りましたが、そうやって不用意に露出《ろしゅつ》してしまった個人情報が悪用されることもありますよね。勝手にSNSの情報を出会い系サイトに載《の》せられる、なんて事例もありそうです。

阿部　あり得ますね。いじめにおいても、SNSと性的な被害が絡み合っているケースがあります。例えば、アイコラ（顔の画像を別の人物の体の画像と組み合わせた合成写真）。ある子の顔写真を裸《はだか》の写真にくっつけて、LINEでバラまくとか。もちろん、専門的な知識のある人が見ればすぐに偽物《にせもの》だとわかります。でも、普通《ふつう》の人にはおそらく見分けがつかないでしょう。あるいは、友達の家に遊びにいったら服を脱《ぬ》がされて写真を撮られ、それを

「ＳＮＳで拡散《かくさん》するぞ」と脅されるケースもあります。春名さんがおっしゃったように、インターネット上に個人情報がさらされることで、リアルな性的犯罪に巻《ま》き込まれる恐《おそ》れが高まります。

それでもＳＮＳを使おうよ

春名　ＳＮＳにもいろんな種類がありますけど、いじめによく使われるのは何ですか？

阿部　僕の経験からいえば、いちばん多いのはＸ、次がInstagramです。

春名　Instagramは写真投稿《とうこう》が中心ですが、どうやって使うんでしょう？

阿部　一つには、ストーリーズ（Instagramの機能の一つで、短い動画や画像をスライドショーのように投稿でき、24時間で自動的に消去される）を使うケースがあります。自動的に消えるからバレにくいと思っているんでしょうけど、当然ながら運営会社には記録が残っています。

それから、プロフィール欄《らん》を使うケースもあります。関係のない人が見ると、いじめだなんて気がつかないやり方で。例えば、みんなで遊んだときの写真をプロフィール欄に載せるとします。そこには、いじめられているＢさんだけが写っていない。そして「ぼっちなの？

ｗｗ」みたいなテキストを添《そ》えるんです。Bさんだけは、それを見たときに自分が仲間外れにされているとわかってしまう。これまで仲がいいと思っていた子たちからやられたりすると、もう誰のことも信じられなくなります。

春名　投稿じゃなくて、プロフィール欄を使うんですか？

阿部　投稿には残ってもいいものを載せておいて、プロフィール欄のほうをしょっちゅう書き換えたりするんです。

春名　何というか、マメだなあ……。

阿部　いじめのためにそこまでするって、バカっぽくない？　僕はいつもそういっています。

春名　本当にそう。XとInstagramがあがりましたが、TikTokはどうですか？

阿部　TikTokも使われます。「誰それにこんな嫌なことをされた」と、嘘の情報を流したりね。被害者のふりをして、実は加害行為をしているんです。

春名　そういうケースでは、SNS上に現実と食い違う情報がたくさん流れているわけですよね。その中から、どうやって正しいものを見つけるんですか？

阿部　いじめている側にとっては、そのSNSがいじめられている側に影響《えいきょう》をおよぼさないと意味がありませんから、そこには必ずフォロワーがついています。そのフォロワーの

ほうから情報を集めていきます。
鍵《かぎ》つきのアカウント（特定のメンバーしか見られない、非公開のアカウント）の場合も基本的には同じで、メンバーの中から協力してくれそうな子を探し、見せてもらうケースが多いです。

春名　さきほどの、傍観者層の中には「これって、よくないな」と思っている子が必ずいるというお話とつながりますね。

阿部　どうしても情報が手に入らないときは、お金で買うこともあります。僕たちは学校の先生でも警察でもなく、探偵ですから。情報を持っている人物にファミレスで好きなものを食べさせて、その代わりに話を聞くとかね。当然ながら、いきなりお金を使うことはなく、まずは説得するところからはじめますよ。いじめられている子がどれだけ困っているかを伝えるんです。もちろん、「お金なんていらない」っていう人が大半です。

春名　SNSいじめの話になると、「嫌なら、SNSをやめればいい」という人もいます。こういう考え方については、どう思いますか？

阿部　もうね、僕はそういう意見には心底呆《あき》れています。SNSは、今やコミュニケーションのインフラです。生活に欠かすことのできないインフラを、誹謗中傷やいじめをするような人たちのためにどうして手放さなくちゃならないんでしょう？

僕はこれまで、誹謗中傷やいじめをする側の人たちに何度も会ってきました。必死で調査して、砂漠《さばく》から一粒《ひとつぶ》の砂を探すようにして突き止めて、やっとの思いで「お前だな！」と向き合ったとき、「すみません……ちょっとストレス溜まってたんで、へへへ」とヘイコラするような奴《やつ》らなんです。本当にくだらない人たちなんですよ。そんな人たちのために、大切なインフラを手放す必要なんてありません。むしろ、どんどん使おうよって思います。おかしいのは、誹謗中傷やいじめを放置している世の中のほうなんですから。

新しい自分になれる場所

春名　ＳＮＳいじめや誹謗中傷の問題は、子どもの世界にも大人の世界にもあります。子どもの場合と大人の場合とで、何か違いはありますか？

阿部　根本は同じだと思います。ストレス・サンドバッグみたいな感じで、自分のストレスを攻撃しやすいところにぶつけて解消しているだけなんじゃないでしょうか。結局、その背景には「嫉妬《しっと》」や「差別」があるんだと思います。

春名　中学生同士の差別って、どんなものですか？

阿部　学校内でカーストのようなものができてしまうこと、ありますよね。例えば、ある学校では野球部が強くて、校内は野球部の天下。いくつかの運動部がそれに続く平民クラス、それ以外の人たちには何をしてもいい、みたいな。また、公立校だと親の収入差による差別もあったりします。

春名　自分と人を比較することから生まれる感情が、SNSいじめや誹謗中傷を引き起こしているわけですね。

阿部　そうですね。いじめを引き起こしているのはSNSではなく、その背景だということです。ですから、さっき話したように、いじめにあったとしてもSNSを手放す必要はないと思います。そうやってリアルの世界とインターネットの世界を切り離して考えることは、悪くないと思います。

だけど、何だかんだいっても、肝心《かんじん》なのはリアルなつき合いのほうです。僕自身が誹謗中傷の被害にあって、さらにそう思うようになりました。フォロワーが何万人いようが、いざというときに自分の味方になってくれるリアルな友達が一人いるほうが救われるんです。人生にとっては、そちらのほうが大事です。

春名　信頼《しんらい》できる友達がまだいなくて、親や先生にも頼れない場合、どうしたらいいでしょう？

阿部　そのときは、自分の中に一つの世界をつくってしまうのがいいんじゃないでしょうか。

別の表現をするなら「自分を大事にする」ということです。自分の中の世界ならば、絶対に自分は生きていられるし、自分が主人公のはずなので。

春名　それって、何か夢中になれるものを見つけるってことですよね。誹謗中傷やいじめの被害にあったときって、自分を肯定《こうてい》する気持ちをとことん失っていて、趣味《しゅみ》を見つけることすら難しかったりします。でも、そこを立て直すことができたなら、新しい居場所を見つけられるかもしれないですね。

ぼくは、インターネットのおもしろさの一つは、たくさんの「人格」をつくれることだと思うんです。新しくアカウントをつくりさえすれば、新しい自分になれる。ＳＮＳといってもいろんな種類があるし、ユーザー同士で会話ができるオンラインゲームもあるし、新たなスタートを切れる場所がいくつもあります。ゲームが好きな自分、イラストが得意な自分、毎日文章を書く自分など……学校での自分とは違う「新しい自分」をつくったらいいんじゃないかなって思います。

阿部　いいですね。

春名　同時に、阿部さんがおっしゃったように、リアルな世界の人間関係も切り捨てないでほしい、とも思います。インターネットの世界を楽しみつつ、相談窓口に電話をしたり、図書館で司書さんとおしゃべりしたり。「えいやっ」と話してみたら、思わず意気投合して仲よくなるなんていう漫画のような展開、意外とあるみたいなので。自分から一歩踏《ふ》み出さないと、誰ともつながれないまま人生を終えることになってしまうかもしれないから、その勇気だけは失わないでほしいです。

阿部　そうですね。これだけ多くの人間がいるんだから、どこかにいるはずなんですよね、心から打ち解けられる人が。

春名　いじめにあったつらさや悲しさって、簡単には消えません。そういう心の傷を癒《いや》すには、どうしたらいいと思いますか？

阿部　心理カウンセリングの分野では「過去と他人は変えられない」といわれています。確かに、すでに起きてしまったことは変えようがありませんし、他人を変えるというのも無理があります。けれども、過去に起きたことに対する自分の印象は変えられるんです。

今が楽しかったり幸せだったりすると、過去のできごとがいつのまにか自分の経験値の一つになっていきます。もちろん、何年経とうと二度と戻《もど》りたくない過去であることに変わりはないですよ。それでも、今の生活が充実《じゅうじつ》していると「あのことがあったから、今の自分があるのかな」などと思えたりして、過去に対する見方が次第に変化することがあるんです。だから、自分が好きなものを見つけること、それを楽しむことを諦《あきら》めないでほしいです。

春名　怒《おこ》ったり悲しんだりするのって、ものすごく体力のいることです。いじめをするような人たちのためにそれを使うくらいなら、自分が幸せになるために使うほうがうんといい。つらい気持ちや悲しい気持ちを押《お》し込めるのではなく、少しずつ切り換《か》えていけたらいいんじゃないかなと思います。

ぼくの場合は、それがうまくいきませんでした。つらいとか、悲しいとか、逃げたいと思う自分を否定してしまったんです。ぼくよりも前に誹謗中傷の被害にあった大人たちが「自分が幸せになることが最高の復讐《ふくしゅう》」といっていたのを知っていたので、自分の感情に向き合うより先に、無理やりそう思い込もうとしたんですよね。結果、長くこじらせてしまって、今もまだ回復途中にあります。

勝ち負けって、重要？

春名　ここで少し見方を変えて、加害者側のことを考えてみたいと思います。いじめに加担した経験のある人って、どのくらいいるんでしょうか？

阿部　国立教育政策研究所というところのデータを見ると、いじめの経験のある子が7〜8割、常習的にいじめをしている子は3〜4割となっています。これは2018年度の中学3年生を対象にした、小学4年生から中学3年生になるまでの6年間の追跡《ついせき》調査で、仲間外れなどの暴力を伴わないいじめについてのものです。数年前のデータですが、おそらく大きな変動はないはずです。

春名　7〜8割って、ものすごく多いですよね。その中で、親や先生がいじめだと認識しているケースはどのくらいあるんでしょう？

阿部　大人が認識しているのは約2〜3割といわれています。つまり、子どもたちの実態と大人の認識の間には大きなずれがあります。

春名　阿部さんから見て、加害者側の生徒に共通する特徴はありますか？

阿部　「支配型の関係」をつくりたがる、という点は共通していますね。対等に人と関わることができなくて、支配する側とされる側に分けなければ人間関係が築けないんです。では、なぜそうなってしまうんでしょう。中には家庭環境《かんきょう》がよくない子もいますけど、みんながみんなではありません。例えば、万引きを強要する子の家庭が経済的に苦しいかといったら、そうとも限りません。かなり裕福《ゆうふく》な家庭の子もいます。

僕が気になるのは、加害者側の子たちの親御さんの多くが「勝ち負け」を口にすることです。人を「勝ち組」と「負け組」に分類して、自分より負けている人を見下すクセがある。そういう考え方が子どもに影響しているんだと思います。そもそも友達は支配するものでもされるものでもないのに、支配することしか知らなければ、そこにいじめが生まれます。

春名　自分の子を加害者にしないために、親は何ができるでしょう？

阿部　まずは、愛情を注ぐことです。愛情に満たされている子が誰かを攻撃することって、あまりありません。それから、親子で過ごす時間を持つことです。今の親御さんたちは、みんな何かと忙《いそが》しくて、子どもと向き合う時間が減っているんじゃないでしょうか。こんなふうにいうと「じゃあ、家族で旅行に出かけよう」などと考える人がいるんですけど、そういうことじゃありません。普段の生活の中で一緒《いっしょ》に過ごす、ということです。

親御さんの中には「自分は親なんだから、子どもには立派な姿を見せなくちゃいけない」と思っている人が少なくないと思うんですけど、もっとダメなところも見せればいい。親だって泣くし、怒るし、悔《くや》しがるし、ぼやく。そういう人間っぽいところ、つまり「人は完璧じゃない」ってことを子どもに見せてほしいと思います。それには、長く一緒にいるのがいちばんかな、と。

春名　そんな親子関係を築けたなら、その子はきっと、人に優しくなれますね。

阿部　年収や仕事で自分たちとよそを比べる親御さんって、驚くほどたくさんいます。そういう人たちは、子どもも勝ち負けで評価します。でも、勝ち組も負け組も、ぶっちゃけ存在しません。そんなもの、その人の人生が豊かであるかどうかに一切関係ありません。

春名　ぼくもそう思います。みんな、肩書《かたが》きにとらわれすぎだなと感じます。インフルエンサーとか、〇〇コンサルタントとか、カリスマ〇〇とか、すぐに名前をつけたがる。でも、そういう表面的な肩書きって本当に意味があるのかな、自分が好きなものや得意なことを追いかけていくだけじゃダメなのかなって思います。

阿部　そうですね。日本人は相手を認めることが苦手なんじゃないか、という気がします。海外の友人たちが「議論」する姿を見て、そう感じました。日本人の中年のおじさん同士って、議論するとものの５分でケンカになってしまうんですよ。でも、海外の友人たちは真っ向からバリバリに議論したあと、仲よくお酒を飲んでピザを食べたりします。あいつはこの問題についてこう考えているけれど、俺《おれ》はこう考える。お互《たが》いに考えが違うことはよくわかったけれど、俺たちは友達だ、というわけです。議論をして勝ち負けを決めたいわけじゃなく、相手がどんなふうに考えているかを知るために議論して、違いを認め合うんです。そういう他者を認めるという感覚が、僕たち日本人には少し足りないような気がします。「論破《ろんぱ》」なんて、本当にくだらないなと思います。

春名　きっと、勝ち負けをつけることがよしとされた時代があったんでしょうね。そういう教育をされて、それが正しかった時代を経験した人たちと、多様性を認め合おうとする今の時代との間に亀裂《きれつ》があるのかな、と感じます。

いじめとは、加害者の選択《せんたく》

春名　加害者側の更生《こうせい》についてもお聞きしたいです。阿部さんは、あるインタビューで「いじめが終わったとしても、いじめた側の更生に力を入れなければ社会は変わらない」とおっしゃっていましたね。

阿部　そもそも、いじめはなぜ起きるのでしょう。最近ではさすがに減ってきましたが、かつては「いじめられたほうにも原因がある」という考えをよく耳にしました。でも、本当にそうでしょうか？　いじめの現場を数多く見てきた僕にいわせれば、被害者の子には何の落ち度もないケースがほとんどです。しかも「いじめはよくない」ということはみんなの共通認識です。学校でいじめに関するアンケートを取ったなら、9割の子は「いじめはダメだ」と答えるはずです。加害者になる子というのは、それでもいじめを起こしているんです。いじめは、はっきりいって「加害者の選択」です。

春名　よくないことだとわかっていて、あえて選択している、と。

阿部　いじめている側にはいじめをしているという意識がない、みたいなことをいう専門家がたまにいますけど、僕は経験上「そんなわけないだろう」と思います。本人と向き合ってみればわかるはずです。いざ、いじめが発覚したとき、ほとんどの子が隠そうとしますから。隠すってことは、やましいことだとわかっているということです。

いじめをなくすには、加害者がいじめという選択をしないようにするしかありません。これはアメリカの例なので日本にそのまま当てはまるかどうかわかりませんが、いじめをした子が将来刑務所《けいむしょ》に入る確率は、そうでない子の6倍だというデータがあります。つまり、できるだけ早いうちにいじめを止めることが、新たな被害者を生まないためにも、また加害者の将来にとっても重要なんです。

春名　そのための方法って、あるんでしょうか？

阿部　例えば「アンガーマネジメント」もその一つです。怒《いか》りの感情とうまく向き合うための心理トレーニングで、アメリカでは大人だけでなく子どもたちにも積極的に教えているそうです。加害者の子や加害者になるかもしれない子がいじめをしないための方法を学ぶことで、いじめはどんどん減っていくはずなんです。

僕は、日本の学校でもこういうアプローチが必要なんじゃないかと思っています。こういうことをいうと、また先生たちに負担をかけて……と嫌がられてしまうんですけど、社会にとっては大事なことだと思うんですよね。なぜって、今の日本の大人たちの中には、いまだに加害行為を当たり前みたいにやっている人がいるからです。ブラック企業《きぎょう》もそうだし、パワハラもそうだし、年長者が若い人にやたらお酒を飲ませたがるのもそう。そういうところを、時代とともに変えていかなくちゃならないと思います。

春名　SNSいじめの中でも「炎上《えんじょう》」と呼ばれるものの場合、ある種の正義感が原因となっている場合が少なくありません。こいつは悪いことをしたから叩《たた》いていいんだ、罰《ばつ》を受けるべきなんだ、と行きすぎた言葉を投げつけてしまう。この「正義」というのがすごく難しいなと思うんですが、阿部さんはどう考えますか？

阿部　Xの場合なら、リポストしただけで加害行為に加担したことになるわけで、指先一つですよね。ほんのちょっとでも躊躇《ちゅうちょ》があるなら、何もしないほうがいい、と思います。「その場の正義」みたいなものに流されない、ってことですね。

春名　そうですね。ぼくは、さまざまな感情の中でも、罪悪感ってすごく苦しいものだと思っています。軽い気持ちで加担したとしても、その後悔《こうかい》は長く引きずるものなんじゃないでしょうか。自分の人生に影《かげ》を落とすようなこと、やめたほうがいいよって思います。

阿部　「その場の正義」って、とても不安定なものです。悪者を見つけて、自分たちは正しい側だからと寄ってたかって非難する。一度そういう流れができると、さらに人が群がってくる――。そんな上っ面のアクションなんて、もう正義じゃないですよね。

世界はもっとうんと広いし、さまざまな立場の人がいる。だから、物事を一つの方向からだけ見て判断しないことです。その裏側に何が隠れているのか、背景にどんな事情があるのか、そこに至るまでにどんなプロセスをたどったのか……そこまで考えをめぐらせてほしいなと思います。

春名　阿部さんは、どうやってそういう見方ができるようになったんですか？

阿部　僕たち探偵は「物事を丸く見る」というトレーニングをめちゃくちゃするんです。例えば、ある詐欺師を追っているとします。詐欺師はあらゆる手段で逃げ回るので、こちらの思い込みで行動していたのでは絶対に追いつけません。そんなときは、自分の常識を捨てて、その詐欺師の立場になってあらゆる角度から想像してみるんです。それこそ、球体をぐるぐる回してすべての面を眺《なが》めるように。すると、それまで見えていなかったものが見えてきます。僕たちはそれをプロとして、責任を持ってやらなくてはならないわけです。

春名　丸く見るって、おもしろいです。

阿部　自分なりの意見や考えというのは、そうやって物事を丸く見た先に見つかるものなんじゃないでしょうか。誰かと話し合って、さらに「こういう見方もあったのか」と刺激をもらうこともあると思います。信念は貫《つらぬ》いたほうがいいけれど、意見や考えはどんどんブラッシュアップしていけばいい。それが成長だと思います。

物事を丸く見られるようになると、毎日が楽しくなります。何かが起きたときに、必要以上に感情を揺《ゆ》さぶられたり、反射的に行動してしまったりすることがなくなるんです。状況を把握して、相手の気持ちや事情を思いやって、一度考えてからアクションに移せるようになる。そうすると、生きるのがラクになりますよ。

闘うための具体策

春名　最後に、SNSいじめへの具体的な対策をおさらいしたいと思います。まずは、SNSとうまくつき合うための注意点を教えてください。

阿部　SNSを通して知らない人とつながるのって、わくわくすることですよね。その感覚は僕も理解できるんですが、だからこそ警戒《けいかい》してほしいです。インターネット上には、本当に正体のわからない人たちがいっぱいいます。調査のために何度か試したことがあるんですけど、「中学2年生、女子、家出中」という情報を出すと、「迎《むか》えにいくよ」とか「泊《と》まりにおいで」とかいう危ないDMが山のように来るんです。中には下半身の画像を送ってくる男性もいます。

残念なことですけど、身を守るためには、やっぱりある程度疑ってかかったほうがいい。僕自身は、インターネット上には個人的な情報はほとんど出さないようにしています。

春名　個人情報って、思わぬところから漏《も》れるものですよね。例えば、ある地域の映画館でしか上映していない映画の感想を書いてしまえば、行動範囲《はんい》を特定されてしまいます。だから、感想を書くなら全国のどこの映画館でもやっている映画だけにするとか、そこまで意識したほうがいいと思います。

居場所を特定されないこと、性的に消費されないこと、お金を搾《しぼ》り取られないこと。この3つにはくれぐれも注意してほしいです。女の子だけでなく、男の子も。

阿部　そうですね。投稿に気をつけるだけでなく、DMへの返信にも用心したほうがいいと思います。僕の場合は、DMに書いたことを部分的に切り取って、意図とは違う形で公開されたことがありました。それ以来、DMで相談されてもすべてお断りしています。

春名　一対一だと思っていたやりとりが表に出てしまうケースって、誰にでも起こり得ますよね。例えば、親友にLINEでこっそりグチを送っていたとします。その親友は信頼できたとしても、親友のスマホ画面をたまたま見た人が拡散しちゃう、という可能性は否定できません。グチを吐き出したいなら、フォロワー0人の鍵つきアカウントがいいと思います。

阿部　「グチのツボ」もおすすめです（笑）。

春名　そうでした（笑）。

SNSいじめは、ある瞬間《しゅんかん》からそれこそ燃え上がるように広がることがあります。そうなる直前の、「SNSいじめが起きそうだ」というサインって、あるんでしょうか?

阿部　あとになってみてわかることですが、いじめの直前、一瞬《いっしゅん》静かになる傾向《けいこう》があります。Xでも Instagram でもLINEでも、発信が止まって、少しの間すーっと静まり返るんです。おそらく、いじめる側が攻撃を仕掛《しか》ける準備をしている時間なんだと思います。そこから一気にはじまり、あっという間に広がっていきます。

春名　そうなったらもう火を消すのは難しいですか?

阿部　早ければ早いほど消しやすいのは確かです。影響力のある子を味方につけて、「そういうの、よくないと思うよ」とひとこといってもらうだけでピタッと止まることもあります。初期段階であれば、いじめを受けるほうもまだエネルギーがあるので、闘おうという気持ちになれますしね。

春名　周りを固めておくって、大事ですね。

阿部　味方の多い子は、まず攻撃されにくいですしね。そして、もし攻撃されたとしても調査がスムーズに進むので、解決が早いです。協力者の子に「こういうリアクションしてみて」とか、「しばらく加害者側の味方のふりをしてほしい」などと頼《たの》めれば、主犯格を特定し、証拠を集めるためのカードがめちゃくちゃ増えます。それに、もしも同じようにやられた経験を持つ子が味方にいれば、次の手口を予測することも可能です。そして何より、仲間がいること自体が心の支えになりますよね。

春名　証拠集めが肝心だということも教わりました。

阿部　そうですね。でも、その前に法律を知ってほしいと思います。ちょっと難しく感じるかもしれませんが、『こども六法』（山崎聡一郎著、弘文堂刊）といって小学生でも読めるように工夫された本もあります。そういうものを使って、名誉毀《き》損《そん》や侮辱《ぶじょく》、あるいは脅迫《きょうはく》や強要など、自分がどんな犯罪の被害にあっているのかを知ってください。その知識は必ず武器になります。

　そうやって法律を知ったうえで、証拠を集めます。「やられた」と思ったら、必ずスクショやウェブ魚拓《ぎょたく》（ウェブサイトの内容を保存し、元サイトが削除《さくじょ》されたとしても閲覧《えつらん》できるようにするサービス）などで残してください。証拠として使えるようにするにはコツがあって、日付やURLがわかるように、また誰が誰に対していったのかわかるようにする必要があります。「殺すぞ」だけでは誰に対しての脅迫かが不明なので、「誰を?」と聞いて、「お前だよ」などと書かせるわけです。

春名　ぼくも、裁判では「はるかぜちゃん＝春名風花」であるということを証明しなくてはなりませんでした。

阿部　主語を明確にするのが重要なのは、SNSいじめに限らず、リアルないじめで当事者録音をする場合も同様です。「バシン」という音と「痛い」という言葉だけでは、誰が何をどうしたのかがわかりませんよね。そこで「C君、殴らないでよ」とか、「Dさん、お腹を蹴らないで」といった、暴力を振《ふ》るった人物の名前と、どんな暴力かがわかるセリフを入れるようにアドバイスします。監督《かんとく》になったつもりで、台本のようなものを用意してもいいと思います。そうやって目的を明確にすることで、闘う気力が湧《わ》いてくる子もいます。

春名　阿部さんに相談する子の多くは、そうやって闘うんですか？

阿部　いいえ、実際は半分くらいでしょうか。探偵はあくまで探偵にすぎません。闘うかどうかを決めるのは本人です。ですから、本人の意志は必ず聞きますし、尊重します。相手を突き止め、謝罪をさせたいというのなら、僕たちは全力で一緒に闘うよ、と。だけど、本人がそうしたいと思っていないのなら、「ゆっくり休んでね」といいます。

僕は、学校を休むのも一つの対策だと思います。中学生なら長く休んだとしても卒業できるはずですしね。ちなみに、いじめをきっかけに休んだ場合、年間通算30日以上休むと「重大事態いじめ」ということになり、学校は教育委員会を通して地方自治体の首長に報告しなければなりません。つまり、長く休まれるのは学校にとって不利なことで、逆にいえば、休むことは武器でもあるわけです。ただし、「いじめられているので休みます」といってから休まないと、ただ体調が悪くて休んでいることにされてしまうかもしれません。先生に直接いっても揉み消されてしまう恐れがあるときは、学級日誌に書くとか、先生とやりとりするノートに日付入りで書くとか、休む理由をちゃんと残しておくのがいいと思います。

春名　探偵さんならではの具体策が、とても心強いです。この本を読むと、みんな阿部さんに相談したくなってしまいそうですが……いじめ探偵はほかにもいるんですか?

阿部　はい、といいたいところですが、そうでもありません。僕は、周囲の同業者に「やろうよ」ってすすめているんですけどね。探偵業って、これまであまり社会に貢献《こうけん》できていなかったから、すごくいいんじゃないかと思って。でも、時間がかかる割にお金にならない、とスルーされました。

一方で、派手なウェブサイトに「いじめ調査やります」みたいに書いている探偵事務所は徐々《じょじょ》に増えてきました。ただし、さして経験もないのに高額な相談料を取るところもあると聞きます。まずは「いじめ防止対策推進法」をちゃんと知っているかどうかテストするといいと思います。これは、最低限知っておかなきゃならない法律ですから。

どこに相談しようか迷っている人に僕がおすすめしたいのは、弁護士さんです。僕自身、調査の過程で弁護士さんたちと連携することも多いです。弁護士さんなら無料の市民相談などもありますし、情熱を持っていじめの問題に取り組んでいる方がたくさんいます。

memo

阿部さんが教えてくれたこと

阿部さんにお会いした瞬間、「漫画『いじめ探偵』のまんまだー！」と思った。雰囲気がやわらかくて、こちらを緊張《きんちょう》させない心づかいがあって。阿部さんの話は、「がんばれ」みたいな精神論でもなく、「逃げろ」という一時避難《ひなん》でもなく、本当の意味で「解決」してきた人だからこその〝確かさ〟を感じられるものだった。

✔いじめの証拠を残そう

「証拠」は、いじめと闘うための武器だ。裁判なんてやらないから……という人も、証拠は残しておいたほうがいいと思う。学校がいじめを認めないとき、相手が投稿を削除して事実を揉み消そうとしたとき、動かぬ証拠があればくつがえすことができる。ＳＮＳいじめの場合はスクショやウェブ魚拓をこまめに取っておこう。検索《けんさく》するとやり方が見つかるはずだ。

一方、リアルないじめの場合の当事者録音や当事者録画は、阿部さんのようなプロの力を借りることをおすすめする。相手に見つかりにくい機材やクリアに録音できる方法など、プロならではのノウハウがあるそうだ。

✔味方を増やそう

阿部さんの話からもわかるように、「味方」の存在が解決を早めてくれる。ＳＮＳでもリアルでも、いじめというのは「多数 対 一人」で起きることが多い。だったら、その構図を崩《くず》せばいいんだ。でも、一度できあがってしまったものを崩すのは簡単じゃない。

だから、周囲の大人にお願いしたい。困っている子がいたら、仲間をつくりやすい環境にいられるようにしてほしい。加害者と近づかなくていいようにしたり、加害者側がつるみにくいようにクラスをバラしたり。ぼくは、コミュニティが固まらないようにするって、とても大事なことだと思っている。それから、多様な体験ができる環境があるといいと思う。勉強、スポーツ、音楽、絵画……ペン回しだって極めればヒーローだ！　バラバラの〝いいところ〟を集めることで、新しい世界が広がるし、他人を尊重するコミュニケーションが生まれるかもしれない。

✔変わるべきは、加害者側

「いじめは加害者の選択」だということ。その通りだとぼくも思う。学校に行くのがつらいときは、もちろん休んでいい。もうSNSを見たくないと思ったら、閉じてもいい。だけど、本当に変わるべきは加害者のほうだ。そのためにも、ぼくは阿部さんのような人に積極的に頼ってほしいと思う。SNSいじめは長引けば長引くほど被害が拡大してしまうから、できるだけ早い段階でリアルな解決策を持っている人に入ってもらうほうが有利だ。

　あなたが闘おうとするとき、阿部さんのように本気でサポートしてくれる人がいることも、どうか忘れないでほしい。

第4章

法律は守ってくれる?

弁護士 田中一哉さんと話す

WORLDLY WISDOM FOR 14 YEARS OLD

田中一哉《たなかかずや》さんのこと

小学生の頃《ころ》からSNSでの誹謗《ひぼう》中傷に苦しめられていたぼくは、高校生のとき、はじめて弁護士に相談をした。それが田中一哉さんだ。それまでにも警察に被害《ひがい》届を出すなどしていたけれど、思うような協力は得られなかった。もちろん親身になってくれる警官もいた。でも、当時はインターネット上での犯罪がまだめずらしかったせいか、「芸能人なんてやってるからじゃない？」といわれたりした。

警察に駆《か》け込《こ》んでも助けてもらえないと知ったときは、ショックだった。だけど、そのときようやく弁護士に相談することを思いついたんだ。そうはいっても、弁護士が何をしてくれるのかよくわからなかったし、どのくらいお金がかかるのかも知らなかった。正直、ものすごくハードルが高かった。

田中先生（ぼくは普段《ふだん》から「田中先生」と呼んでいるので、ここでもそうしようと思う）のことは、インターネットであれこれ検索《けんさく》して自分で見つけた。ドキドキしながらメールを送ったら、法的に何ができて何ができないのか、お金はどのくらい必要なのか、とてもわかりやすい返事が来た。それから何度かやりとりを重ねたあと、正式に依頼《いらい》して、裁判をすることになった。
法律って何だかものすごく大きなもののように感じるし、裁判なんて別世界のことに思えるよね。ぼくもそうだった。でも、田中先生はいうんだ。「法律は手段、弁護士は道具」って。じゃあ、ＳＮＳいじめにあったとき、どうやってその手段や道具を使えばいいのか。ぼくが心から信頼《しんらい》する田中先生に教えてもらおう。

何がダメで、何がダメじゃないのか

春名　田中先生は、インターネット上での問題を専門的に扱《あつか》っていますね。今や、ＳＮＳをはじめとするネットでのトラブルを弁護士に相談するのは、それほどめずらしいことじゃない、ということでしょうか？

田中　そうですね。残念ながら、というべきでしょうが、ありふれたことになっています。東京都を管轄《かんかつ》する裁判所、東京地裁だけでも、ネット関連の裁判が年間に何千件という単位で起こされています。

春名　すごい数ですね。例えばＳＮＳに嫌《いや》なことを書かれたとして、相談する側としては、それが弁護士に相談すべきレベルのことなのか、あるいは裁判で争えることなのか、判断に迷うと思うんです。何か基準のようなものはあるんでしょうか?

田中　まずは、書かれた側が自分の名誉《めいよ》が傷つけられた、もしくは侮辱《ぶじょく》されたと感じたかどうかです。ただ、それだけだと何でもかんでも「訴《うった》えた者勝ち」みたいになってしまいますから、一般《いっぱん》的な常識に照らして——これを「社会通念上」といったりします——限度を超《こ》えているかどうかがポイントになります。

春名　それって、何だかわかりにくいですよね。「一般的」といわれても、感じ方は人それぞれだし。法的に何がダメで何がダメじゃないのかをもう少し理解するために、10のケースをあげてお聞きしてみたいと思います。

ケース1

中学2年生のAさん。苦手な数学のテストで0点を取りました。Aさんは答案用紙を隠《かく》したつもりでしたが、クラスメイトに見られてしまいます。そのクラスメイトが「Aさん、0点だってー」とXに書き込みました。

春名　0点を取ったことは事実ですが、こんなことをされたらAさんは傷つきますね。

田中　これは「名誉毀損《きそん》」になるだろうと思います（プライバシー権侵害にもなると思います）。「毀損」は耳慣れない言葉ですが、「壊《こわ》すこと」を意味します。つまり、Aさんの名誉を壊して評判を落とした罪、ということです。クラスメイトは嘘《うそ》を書き込んだわけではありませんが、名誉毀損の場合、それが事実であるかどうかは原則として関係ありません。その人の社会的な評判を下げてしまうようなことを広める行為《こうい》は、たとえ事実であっても基本的にはダメです。

ケース2

中学3年生のBさん。ある日、クラスのLINEグループをのぞいてみると「BさんがCさんの悪口いってるよ」と書かれていました。

春名　告げ口のような書き込みです。Bさんにとって身に覚えのあることなのかどうかで、見方が変わってきそうですけど。

田中　Bさんの社会的な評判を下げている可能性もありますが、悪口の内容によるところが大きいのでこれだけでは何ともいえませんね。でも、もしBさんが悪口をいっていないのだとしたら、それは間違《まちが》いなく評判を下げようとしているので「名誉毀損」になります。

ケース3

中学3年生のDさんは、街で買いものをしているときに偶然《ぐうぜん》アイドルを見かけました。こっそり写真を撮《と》って、Instagram に上げました。

春名　写真にまつわるケース、ぜひお聞きしたいです。

田中　撮ったのが「街中」なら、そのアイドルの姿をみんなが見ていますし、人混みの写真にたまたま写り込んでいるような場合は問題にならないと思います。ただし、状況《じょうきょう》次第で問題になることもあります。過去に、ある人がゲームセンターでゲームをしているところを隠し撮《ど》りされ、Twitter（現X）で公開されたというケースがありました。これには「肖像権侵害《しょうぞうけんしんがい》」が認められました。肖像権というのは無断で撮影《さつえい》されたり、撮影したものを公表されたりしない権利のことで、それを侵《おか》したというわけです。

春名　その写真に「私服のセンス、ダサすぎ」みたいなテキストをつけたとしたら、さらに別の罪にもなるんでしょうか？

田中　「ダサい」という言葉は日常的に使われるものですし、個人の感想にすぎないのかなと思います。ただし、それが「人間のクズ」や「畜生《ちくしょう》」といった言葉であれば「名誉感情侵害」に当たる可能性が高くなりますし、「売春婦みたい」などのより強い表現だった場合は、ほぼ確実に名誉感情侵害になります。名誉感情というのは自尊心のことで、わかりやすくいうと「プライドを傷つけた」として法的に責任を問われます。

春名　どんな言葉に傷つくかは人それぞれなので、微妙《びみょう》ですね。受け取り手によっては「ダサい」のほうがきつかったりもしそう。

ケース4

高校2年生のEさんは背中に生まれつきのアザがあり、そのことを気にしています。ところが、部室で着替《きが》えているときに先輩《せんぱい》にアザを見られ、「Eの背中のアザ、えぐい」とInstagramのストーリーズで暴露《ばくろ》されました。

春名　身体的なことを暴露するのは、悪質ですね。

田中　アザの程度にもよるかもしれませんが、これは「プライバシー権侵害」に当たると思います。プライバシー権というのは、知られたくないことを知られたり、知られないようにしていることを公表されたりしない権利のことです。アザや傷などは、一般的な感受性に照らして、知られたくない事実だと認められるんじゃないでしょうか。

春名　ストーリーズは24時間で消えてしまいますが、それでも責任を問えますか？

田中　もちろんです。

春名　Eさんのアザが生まれつきのものではなく、暴行によるものだったとしたら？

田中　アザが生まれつきか、それとも暴行によるものかで結論が変わることはないと思います。ただ、暴行されてできたアザであると暴露された場合は、暴行されたこともまたプライバシー情報に当たり得るので、単にアザがあることを暴露するよりも侵害の程度は高くなると思います。

春名　じゃあ、アザではなくホクロだったらどうでしょう？　ホクロは誰《だれ》にでもあるものだけど、本人としては絶対に人に知られたくないものだったとしたら。

田中　ちょっと厳しいかな……。一般的な感受性が基準になるので何ともいえないですが、おそらく法的に責任を問うのは難しいのではないかと思います。

ケース5

中学2年生のFさんは、G先輩のことが好きでした。先輩の誕生日に思い切って告白メッセージを送ったら、そのメッセージが先輩の仲間内のＬＩＮＥグループに公開されました。

春名　恋愛《れんあい》にまつわる問題です。こんなことされたら、本当に傷つきます。

田中　これもまた「プライバシー権侵害」に当たると思います。普通《ふつう》に考えて、ラブレターの内容は送った相手以外には知られたくないことですから。

ケース6

中学1年生のHさん。自分の名前のXアカウントがいつのまにかできていて、「I先生、めちゃブサイク」「2年のJ、キモい」など、学校の人たちをディスる投稿《とうこう》が次々にされていました。

春名　これは「なりすまし」のケースです。

田中　有名人や企業《きぎょう》の場合は別ですが、個人の場合、なりすましたこと自体を問題にするのは難しいのが現状です。最近は「アイデンティティ権」といって、なりすましに対抗《たいこう》するための権利が主張されています。この権利の侵害を認めた裁判例はまだありませんが、その存在自体は複数の裁判例の中で認定されています。

ただ、氏名が勝手に使われた点を問題視して、「氏名権侵害」と認定された例はあります。

春名　このケースではHさんが人の悪口をいっているように見せかけていますよね。

田中　そこが重要です。なりすましだけでは問題にしにくくても、なりすましたうえで、さらにその人の評判を下げるような発言をすれば「名誉毀損」や「侮辱」に当たります。

ケース7

中学3年生のKさんが、後輩のLさんを呼び出して何度も殴《なぐ》りました。普段からKさんとつるんでいるMさんもその場にいて、暴力行為には加わらなかったものの、その一部始終をスマホで動画に撮りました。

春名　Kさんの行為は、間違いなく犯罪ですよね。Mさんは動画を撮っただけですが、それもやってはいけないことのように思います。

田中　Kさんの暴力行為は、当然「傷害罪」に当たります。そして、Mさんは「幇助罪《ほうじょざい》」といって、主犯のKさんの犯罪の手助けをした罪に問われる可能性があります。

春名　撮った動画をどこにも公開していなくても、撮影しただけで罪に問えるんですか？

田中　Mさんがその場にいて撮影していることで、暴力行為をしているKさんが力づけられる効果があったように思います。であれば、誰にも見せなかったとしても問題になります。

春名　その動画を、いじめの告発に使ったなら？

田中　ＳＮＳなどで「Kさんがこんないじめをしている！」などと公開したなら、それはK

さんに対する「プライバシー権侵害」に当たると思います。

春名　Kさんの権利が守られてしまうんですね。モヤッとします。

田中　告発するなら、その動画を被害者のLさんやその親御《おやご》さんに証拠《しょうこ》として提供するのがいちばんだと思います。

ケース8

中学1年生のNさん。XでクラスメイトのOさんをフォローしています。Oさんの「うちのクラスのPって、同じクラスのQに、陰でひどいイジメをしている」というつぶやきをリポストしました。

春名　NさんはPさんを直接誹謗中傷したわけじゃなく、リポストしただけ、ですね。

田中　まず、Oさんのつぶやきは原則として名誉毀損に当たります。ただし、このつぶやきの内容が真実で、暴力行為を告発する目的で投稿されたような場合には、例外的に、名誉毀損は成立しません（専門用語でいうと「違法性が阻却《そきゃく》される」といいます）。Nさんはそれをリポストしただけですが、嘘かもしれない情報を拡散させている可能性は確かにありますよね。リポストというのは、コピペして再投稿しているようなものですから。

リポストをどう扱うかは難しいところですが、ここ数年、リポストを違法《いほう》だと認めた裁判がぽつぽつと出ています。そういう現状を考えると、真偽のわからないものを軽はずみにリポストしないほうがいいと思います。

ケース9

中学1年生のRさん。学校の非公式のXで見つけた「Sなんて、死んでしまえ」というつぶやきに「いいね」しました。

春名　誰かに「死ね」という言葉を投げるのは許されないことですよね。

田中　当然です。「死んでしまえ」と一度つぶやいただけで罪に問われることはないでしょうが、長期間にわたり、何百件も、「死ね」というリプライやDMを送り続けた場合には、「自殺教唆《きょうさ》罪」に当たる可能性が出てきます。

春名　それに「いいね」したRさんは、どうなんでしょう？

田中　リポストは拡散力がありますが、「いいね」はそれほどではありません。「いいね」だけでは、法的な責任を問うことはできないように思います。「死んでしまえ」はどう考えても相手を傷つける言葉ですから、「いいね」しないほうがいいに決まってますけど。

ただし、誹謗中傷のつぶやきに「いいね」をしたことで訴えられ、裁判に負けた例もあります。それをしたのが公的な立場の人物だったとか、粘着質《ねんちゃくしつ》に続けていたとか、特殊《とくしゅ》な事情があってのことではありますが。

ＳＮＳは気軽にコミュニケーションできるのが利点ですから、がんじがらめに縛《しば》られて「いいね」すら自由にできない状況はちょっとどうかと思いますが……。「いいね」する前に、そのつぶやきを投げかけられている人の気持ちを想像してみてほしいです。

ケース10

高校1年生のＴさんは、中学時代からいじめの被害に苦しんでいます。しかし、ＸでＵさんと知り合ってからは、その優しい言葉に救われていました。そんなある日、Ｕさんに促《うなが》され、自分の裸《はだか》の写真を送ってしまいました。

春名　Ｔさんは裸の写真を自分から送ってしまいました……。

田中　僕《ぼく》自身、これに近いケースの裁判を担当したことがあります。もしＵさんが裸の写真を送るように脅迫《きょうはく》していたならば、「強要罪」になります。

一方で、脅迫することなく、言葉巧《たく》みに仕向けるケースもあるのが現状です。そのような場合でも、Uさんの行為は「児童ポルノ禁止法違反《いはん》」などに当たる可能性があります。たとえTさんが自分から送っていたとしても、です。

その言葉、面と向かっていえる？

春名　一口に誹謗中傷といっても、それがどんな法律に触《ふ》れるかは内容や状況によってさまざまなんですね。逆にいえば、ぼくたちを誹謗中傷から守ってくれる法律がさまざまにあることがわかりました。でも、10のケースを振《ふ》り返ってみると、はっきりと法的にダメだとわかるものと、基準が曖昧《あいまい》に感じるものとがありました。

田中　どんな権利が侵害されたかによって基準が違うので、余計にややこしく感じてしまうかもしれません。例えば名誉毀損は、一般人から見て、その人の社会的な評判を低下させる内容に限って認められます。ケース3にあった「ダサい」という言葉はこれに当たりませんが、「あいつは反社とつながりがある」などとSNSに書き込まれたなら、原則として名誉毀損と認められるでしょう。

注意が必要なのは、明確に名指しされているかどうかです。本名ではなくハンドルネームなどで書かれたりすると、「誰を指しているのかが明確ではないから、それによって社会的な評判が低下したとはいえない」ということになり、名誉毀損にはなりません。

春名　名誉毀損に似ているものに、名誉感情侵害もありましたね。

田中　名誉毀損は、その人の名誉を傷つけて社会的な評判、すなわち他人から見た評判を下げることです。一方、名誉感情侵害のほうは、その人の自尊心やプライドを傷つけることであり、侮辱とイコールです。*1

　SNSなどに書き込まれた誹謗中傷が侮辱と認められるかどうかの基準は、その表現が社会通念上許される限度を超えているかどうかです。それなりに強い言葉が対象になるわけですが、例えば先ほどもお話ししたように「人間のクズ」「ドブス」「ヤリマン」などは侮辱に当たります。また、侮辱が大勢の前で行われたり、大勢の人が見るところに書き込まれたりした場合は、刑法《けいほう》上の侮辱罪にも当たり得ます。

春名　知られたくないことをさらされた場合は、プライバシー権侵害でしたね？

田中　そうです。ただ、あることを暴露されて本人が傷ついたとしても、それがすでに広く知られている事実である場合は認められません。過去の裁判の判決を引用すると「一般人の感受性を基準として当事者の立場に立った場合、公開を欲しないであろうと認められることがらである」必要があります。噛《か》み砕《くだ》いていうと「本人の立場で考えたら、そりゃあ知られたくないよね」と納得できるものでなければならないので、ケース4で話したように、ホク

＊1　法律には、どのような行為が犯罪に当たり、どんな刑罰が科されるかを定めた「刑法」と、個人の身分や財産について定めた「民法」があります。SNSいじめを行うことで負ってしまう責任には、刑事責任、民事責任の二つがあります。刑事の「侮辱罪」は公然性（不特定多数の目に触れる状態で誹謗中傷が行われたかどうか）が要求されるので、その法によって守られるべきは外部的名誉（社会が与える評価としての名誉）。一方、民事の「侮辱」は公然と行われなくても成立するので、保護法益は内部的名誉（個人のプライド）になります。

ロなど気にしない人が多いものの場合は認められにくくなります。

春名　いずれにしても「社会通念」とか「一般人の感受性」っていうのがポイントなんですね。でも、それ自体が曖昧に思えます。

田中　その通りです。過去に、こんなケースがありました。爆《ばく》サイ.com（地域別のクチコミ掲《けい》示《じ》板サイト）に「〇〇（人名）はママのパイパイから離れられない」と書き込まれた男性がいました。彼《かれ》はその言葉に深く傷つき、書き込んだ人物を特定するために情報の開示を求めて訴えました。僕としては「パイパイ」とか「離れられない」という言葉では、名誉毀損にも名誉感情侵害にも当たらないのではないかと考えたのですが……裁判所は訴えを認め、書き込んだ人を突《つ》き止めることができました。

春名　同じ言葉でも、認められる場合と認められない場合があるということですか？

田中　そうなんです。ここからここまでが名誉毀損だとか、名誉感情侵害だとか、誰が見てもわかるようなはっきりとした線引きなんて存在しないんです。「社会通念上」というのは「一般的な常識に照らして」という意味ですが、常識って、実は人それぞれ少しずつ違っていて、絶対的なものじゃありませんよね。それは裁判の判決を下

す裁判官にとってもそうで、裁判官によって判断が違ってきます。結局のところ、ケース・バイ・ケースとしかいえないんです。

春名　SNSいじめにあっている子が「これは弁護士に相談すべきことだ」と気づけたり、反対に、強い言葉を書き込んでしまいそうな子が「これはダメだ」と思いとどまったりするための、シンプルな基準ってないものでしょうか？

田中　ものすごくざっくりいうと、誰かと面と向かって話しているときに、その言葉を相手に直接いえるかどうか、だと思います。だって、目の前にいる人に向かっていきなり「ブス」とかいわないでしょう？　初対面の人に「死ね」っていえないでしょう？　インターネットもそれと同じです。相手が目の前にいることを想像して、その言葉をいえるかどうか。そうやって判断するしかないんじゃないでしょうか。

春名　そこを出発点にして、「これはおかしい」と思ったら弁護士に相談してみたらいい、ということですね。ぼく自身、SNSでぶつけられた言葉で「これはおかしい」って思うものを田中先生にたくさん送って、チェックしてもらいました。

田中　そうでしたね。

春名　そのときに、法的に責任を問える言葉とぼく自身が傷ついた言葉が必ずしも一致《いっち》しないことに驚《おどろ》きました。

田中　実のところ、多くの方からメールで相談をいただくものの、法的に責任を問うことのできないケースも少なくありません。この言葉はOK、この言葉はNGといった一覧表でもあればラクなんですが、言葉の意味や重さというのは、誰が、誰に向かって、どんな状況で、どんな理由でいったのかによって変わってきますから、そう簡単じゃありません。さきほど話したように、同じ言葉でも裁判官によって認められる場合とそうでない場合もありますから、難しいところです。

春名　同じ言葉で侮辱されたとして、面と向かっていわれた場合とSNSに書き込まれた場合で、罪の重さは違うんですか？

田中　基本的には変わりません。

春名　Xの公開アカウントやInstagramなど誰もが見られるところに書き込まれた場合と、鍵《かぎ》つきアカウントやクラスのLINEグループのように特定の人だけ見られるところに書き込まれた場合で、違いはありますか？

田中　閲覧《えつらん》者の範囲《はんい》が限定されていても、多数の人が閲覧可能な場所であれば、違いはありません。けれど、「損害賠償請求《ばいしょうせいきゅう》」といって、被害者が加害者に対してお金を請求するときの金額には影響《えいきょう》します。より多くの人の目に触れた場合は金額がより大きくなる可能性が高いですし、どのくらい頻繁《ひんぱん》だったか、どのくらいの期間にわたって書き込まれたかなども反映されます。

「訴えてやる！」って、どういうこと？

春名　SNSに書かれたことが法的にダメなものだったとして、どうやって責任を問えばいいんでしょう。ドラマなどではよく「訴えてやる！」っていいますけど。

田中　「訴える」とは、事件を解決するために裁判所に判断を求めること。つまり、法律に基づいて、裁判所にどちらの言い分が正しいかを判断してもらう手続きです。

春名　裁判官が訴えた側と訴えられた側の言い分を聞いて、双方《そうほう》が納得するよう判決を下す、ということですか？

田中　いいえ、双方が納得するとは限らないですね。話し合いでは解決できないから、裁判になるわけで。たとえ納得しなくても従わなければならないのが、裁判所の判決です。

春名　なるほど。

田中　裁判にはいろいろな種類がありますが、SNSにまつわるトラブルの場合、「刑事《けいじ》裁判」と「民事裁判」の2種類を知っておくといいと思います。ちょっと難しいかもしれませんが、二つの違いを簡単に説明しますね。

「刑事裁判」は、被疑者《ひぎ》（犯罪をしたと疑われる人）が本当に犯罪をしたかどうか、本当だとしたらどういう罰《ばつ》を与《あた》えるべきかを決める裁判です。拠《よ》りどころとなるのは主に「刑法」という法律で、何をしたら犯罪になるか、そしてその犯罪に対してどんな刑罰《けいばつ》が与えられるかが定められています。SNSいじめが名誉毀損罪や侮辱罪といった刑法で定められた犯罪に当たる場合、刑事告訴《こくそ》することができます。刑事裁判で有罪となれば、罰金《ばっきん》や懲役《ちょうえき》などの刑罰が科され、「前科」がつきます。

一方、「民事裁判」は人と人の間に起きた揉《も》めごとを解決するための裁判です。インターネット関連の事件は、この民事裁判によって解決する場合がほとんどです。拠りどころとなるのは主に「民法」という法律で、人に迷惑《めいわく》をかけてはいけないとか、人の権利を侵害してはいけないなど、社会で生きていくための最低限のルールが定められています。

民法上の不法行為については、お金を払《はら》うことで責任を取ることになります。加害者の行為によって被《こうむ》った「損害」に対して、被害者が加害者にお金を請求するんです。これを「損害賠償請求」といいます。

春名　そのような裁判を、中学生も起こすことができるんですか？

田中　原則として、未成年者が単独で裁判をすることはできません。法律で定められた代理人、すなわち親権者を通して行うことになります。

春名　そして、その親権者が弁護士を雇《やと》うわけですね。

田中　法律の知識を持った専門家として、僕たちが代わりに手続きをします。

春名　ぼくも、田中先生にすっかりお任せしていました。

田中　裁判というと、ドラマで見るような法廷《ほうてい》シーンに自分が立つことを思い浮《う》かべる人も多いと思いますが、SNSにまつわるトラブルの場合は、僕たちのような代理人同士のやりとりだけで済む場合が少なくありません。依頼人の希望次第ではありますが、実際、お任せいただくケースが多いです。

春名　田中先生は、中高生からの依頼を受けたこと、ありますか？

田中　過去にこんなケースがありました。

中学生の女の子がTwitter（現X）に勝手に写真を公開され、「こいつヤリマンだ」と書かれたんです。被害者のお父さんから僕に相談があり、投稿を消すように求める「削除《さくじょ》請求」と、誰が書いたかを突き止める「発信者情報開示請求」をしてほしいとのことでした。あとでわかったことですが、書き込んでいたのは被害者の同級生でした。

春名　中学生同士のトラブルだったんですね。

田中　まずはTwitter社（当時）に対して発信者のＩＰアドレス（インターネットに接続している機器に割り当てられる番号）の開示を求めました。ＩＰアドレスがわかったら、今度はアクセスプロバイダ（インターネットに接続するサービスを提供する企業。図2では通信回線事業者にあたる）に対して発信者の氏名、住所、電話番号などを開示するよう求めます。

こういう場合、プロバイダはこちらに情報を開示する前に、発信者に確認を取らなければいけないことになっています。「プロバイダ責任制限法」という法律があって、「誹謗中傷の書き込みがされたために情報開示請求が来ていますが、開示していいですか？」と確認するわけです。この連絡《れんらく》を受け取った親御さんがびっくりして子どもを問いただしたところ、その子が「やりました」と認めたようです。

結局、プロバイダから情報が開示される前に加害者の親御さんから連絡があり、「示談《じだん》にしたい」との提案がありました。「示談」というのは、被害者と加害者が裁判をせずに、直接話し合って解決することを指します。簡単にいうと、お金を払いますから裁判沙汰《ざた》にはしないでください、ということです。

春名　その場合は、どういう条件で示談するかを弁護士が調整することになるんですね。

田中　このケースは侮辱に当たるので、おそらく10～20万円の慰謝料《いしゃ》を請求できたと思います。「慰謝料」とは損害賠償の一種で、悲しみや苦しみなど精神的な苦痛に対して払われるお金です。慰謝料に弁護士費用を足して、総額50万円くらいは請求できそうでしたが……被害者の親御さんが、投稿を削除して謝罪をすれば弁護士費用だけでいいとおっしゃって、30万円くらいで示談が成立しました。

春名　そのくらいの金額が一般的だと思っていいんでしょうか？

田中　ケース・バイ・ケースです。このケースでは、被害者の親御さんの意向によって、かなり安く済んでいます。でも、被害者の方が「どうしても許せない」と考える場合は、また違ってくるでしょう。

「削除請求」と「発信者情報開示請求」

春名　さきほどのケースでは、被害者の親御さんが「削除請求」と「発信者情報開示請求」をしていました。この二つについて、もう少し詳《くわ》しく教えてください。

田中　ＳＮＳに誹謗中傷を書かれたら、まずはそれを消してほしいと考えますよね。放っておけばおくほど拡散し、収拾がつかなくなってしまいますから。「削除請求」は、特定の投稿を消してほしいと求めることです。

具体的には、裁判所に対して「削除仮処分命令申立」をするのですが、これは、裁判所から「この投稿を消しなさい」という仮の命令を出してもらうための手続きです。誰が投稿したのかがわかっているなら、その投稿者に直接削除を求めればいいのですが、SNSの誹謗中傷は投稿者が匿名《とくめい》の場合が多く、そのSNSを運営するサイト管理者に対して削除を求めることになります。ただし「仮」とついている通り、これはあくまで仮の処分なんです。もしもサイト管理者が「消さないぞ」と争ってきた場合は、正式な裁判を起こして削除を求めることになります。［図1］

春名　もう一つの「発信者情報開示請求」は、書き込んだ人が誰なのかを突き止めるためですね。

田中　サイト管理者やプロバイダに対して、誹謗中傷を書いた人物の情報をオープンにするよう求めることです。以前は正式な裁判をしないと投稿者を特定できず、ここに時間がかかっていました。春名さんのときも、投稿者を特定するだけで1年くらいかかりましたよね。

しかし、2022年の秋に「発信者情報開示命令申立」という制度がつくられて、より簡易な手続きで投稿者の情報を開示してもらえるようになりました。この新しい制度を使うと、早ければ2～3か月で相手を特定することができます。

春名　どういった段取りを踏《ふ》んで情報が開示されるんですか？

田中　まず、裁判所にSNSのサイト管理者を相手方として「発信者情報開示命令申立」を

図1　削除請求の流れ

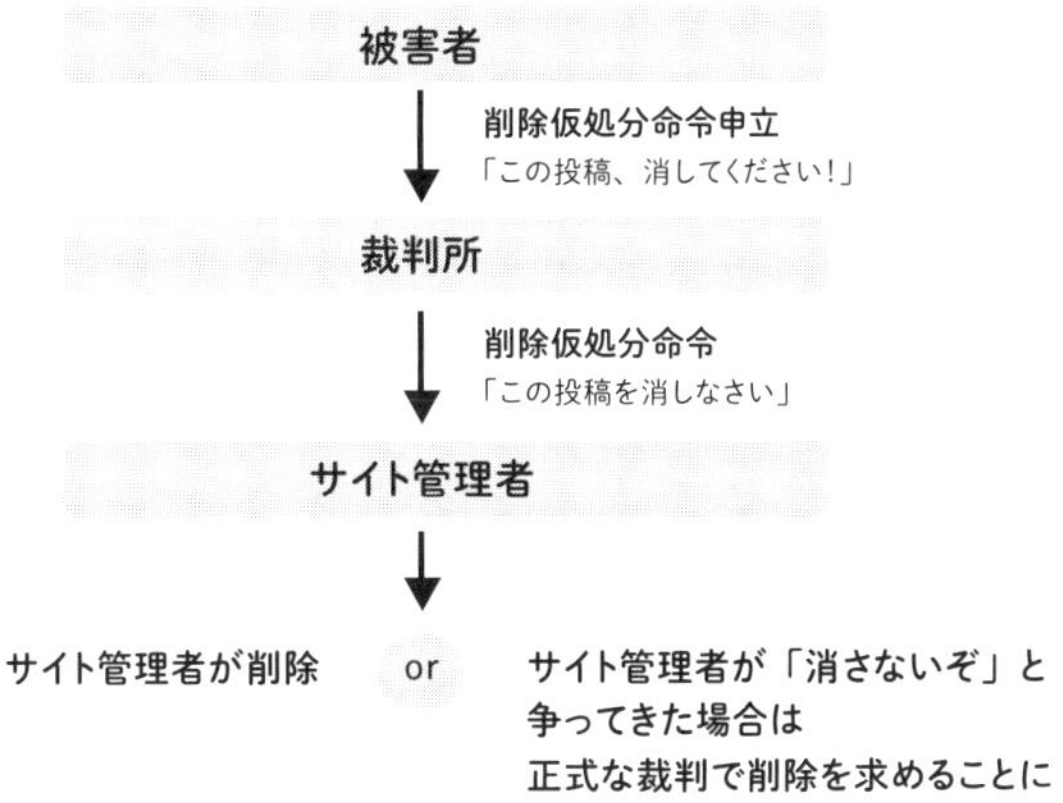
被害者
削除仮処分命令申立
「この投稿、消してください！」
裁判所
削除仮処分命令
「この投稿を消しなさい」
サイト管理者
サイト管理者が削除
or
サイト管理者が「消さないぞ」と
争ってきた場合は
正式な裁判で削除を求めることに

図2　発信者情報開示請求（新制度を利用する場合）の流れ

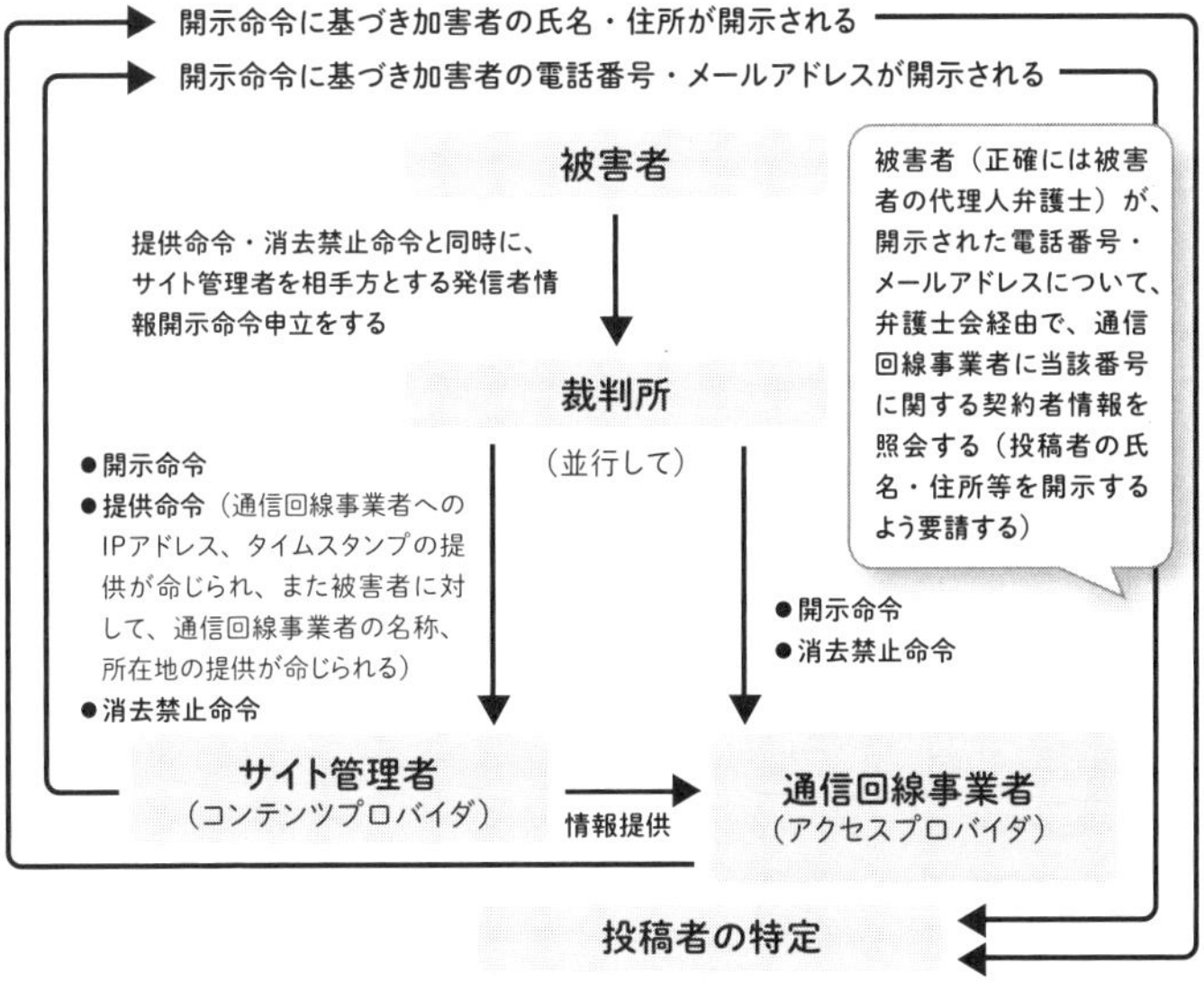
開示命令に基づき加害者の氏名・住所が開示される
開示命令に基づき加害者の電話番号・メールアドレスが開示される
被害者
被害者（正確には被害者の代理人弁護士）が、開示された電話番号・メールアドレスについて、弁護士会経由で、通信回線事業者に当該番号に関する契約者情報を照会する（投稿者の氏名・住所等を開示するよう要請する）
提供命令・消去禁止命令と同時に、サイト管理者を相手方とする発信者情報開示命令申立をする
裁判所
（並行して）
●開示命令
●提供命令（通信回線事業者へのIPアドレス、タイムスタンプの提供が命じられ、また被害者に対して、通信回線事業者の名称、所在地の提供が命じられる）
●消去禁止命令
●開示命令
●消去禁止命令
サイト管理者
（コンテンツプロバイダ）
情報提供
通信回線事業者
（アクセスプロバイダ）
投稿者の特定

します。これは、投稿者のIPアドレス、電話番号、メールアドレスなどの開示を求める手続きです。ただし、大半の管理者は個人情報を保有していないため、そこからさらに、投稿者の氏名や住所を突き止めていくことになります。〔図2〕

春名　SNSいじめは加害者が誰なのかわからないことが多いので、まずは加害者本人ではなく、サイト管理者やプロバイダを相手に手続きしなくてはならないわけですね。Xに誹謗中傷を書かれた場合、それを書いた人を訴えるために、まずX社とやりとりしなければならないという……。SNSにもいろいろありますが、削除請求や発信者情報開示請求の進み方に違いはありますか？

田中　例えばX社などは有名法律事務所の弁護士を何人も雇っているので、毎回ガチガチに争ってきます。Google社も、毎回分厚い書類の束を送ってきます。インターネット上の事件に慣れていない弁護士だと、もうその量だけで圧倒《あっとう》されてしまうと思います。でも、慣れている人なら大丈夫《だいじょうぶ》です。内容は毎回ほぼ同じなので。

X、Instagram、Facebookはアメリカの企業が運営しています。なので、少し前までは本当に大変でした。手続きを開始すると、「訴状《そじょう》」といって、こちらの求めていることや法的な主張を記した書面を相手に送るんですが、これも裁判所を通して海外へ送ってもらわなければなりません。こういうこと一つ一つに大変な手間と時間がかかっていたんです。ところが、2022年にこれらの運営会社が日本国内で登記されました。あまり報道されませんでしたが、これは訴える側にとって大きなメリットです。手続きがかなりラクに、スピーディーになりました。

専《もっぱ》ら日本人を対象としたサイトでは、例えば5ちゃんねる（匿名掲示板サイト）などはやりやすいです。先方が「理由がある」と判断すれば、削除や開示に応じてくれます。

春名　削除請求と発信者情報開示請求、どちらかだけすることもできるんですか？

田中　依頼人の希望で、削除請求だけ、というケースもありました。でも、削除しただけではいつまたどこに書き込まれるかわかりませんよね。実際には、両方同時に進めることが多いです。

春名　削除請求や発信者情報開示請求をスムーズに進めるために、気をつけたほうがいいことって何でしょう？

田中　何よりも、被害にあったら速《すみ》やかに相談することです。インターネット上のトラブルというのは、時間との勝負なので。弁護士に相談する前に法務局だとか司法書士だとかに行って時間を取られて、手遅《ておく》れになってしまうケースがたまにあります。

春名　なぜ手遅れになってしまうんですか？

田中　裁判の最終的な目的は、加害者に法的な責任を取ってもらうことですよね。ですが、ここまでお話ししてきたように、その加害者を特定するためにはサイト管理者にＩＰアドレスを調べてもらったり、プロバイダに通信記録を調べてもらったりする必要があるわけです。ところが、こうした記録は一定期間が経《た》つと消去されてしまいます。サイトやプロバイダにもよりますが、平均3か月くらいでしょうか。裁判の手続きにかかる時間などを考えると、書き込まれてから1か月以内くらいでないと間に合いません。そういう意味で、急がなきゃならないんです。

春名　時効が成立してしまわないかも気になります。

田中　名誉毀損罪や侮辱罪など、刑法に触れる犯罪の場合は時効があります。その投稿が表示されている間は実行行為が続いていると見なされて時効は成立しませんが、書き込みが消された場合、消されてから3年以内でなければ訴えることができません。

ちなみに、侮辱罪については、２０２２年に法律が改正されるまでは1年以内でした。以前は投稿者の特定に1年くらいかかっていたという話をしましたよね。そのため、犯人がわかったときにはもう時効が成立していた、というケースが少なくなかったんです。3年あれば、そういうことは格段に減ると思います。

また、名誉毀損罪や侮辱罪で刑事裁判を起こすには、被害者が捜査《そうさ》機関に犯罪の事実を申告し、犯人の処罰《しょばつ》を求める必要があります。これを「告訴」といいますが、この告訴にもタイムリミットがあり、被害者が加害者を知ったときから6か月以内でなければなりません。

春名　時間との闘《たたか》い、という側面がありますね。

田中　加えて、民事裁判で損害賠償請求のできる期間が決まっていることも知っておいてもらえたらと思います。一般に被害者が損害および加害者を知ったときから3年以内です。

お金で償《つぐな》う「損害賠償」

春名　加害者を特定できたら、やっと責任を問うことができますね。

田中　どのように償ってもらうかを決めるために、いよいよ加害者を相手に裁判をすることになります。SNSいじめの場合は民事裁判で解決する場合がほとんどですから、民事裁判で損害賠償を請求する場合を考えてみましょう。

まず、裁判の前段階として、「あなたから被った損害に対して、謝罪と賠償を求めます」と記した書類を「内容証明」という郵便で送ります。相手がすぐに応じれば、裁判に進む前に謝罪と賠償を受けられます。

そうでない場合は、裁判に進みます。原告（訴えた人）の主張が認められて裁判に勝つと、裁判官から被告《ひこく》（訴えられた人）に対して「〇万円の賠償金を払いなさい」という判決が出ます。以前は「SNSの誹謗中傷なら、損害賠償は100万円が上限」みたいなやんわりとしたラインがありましたが、2021年には100万円を超える例がいくつか見られましたし、賠償金額は少しずつ上がっていると思います。その後、指定された金額が加害者から払われて終わり、という流れがほとんどです。

春名　ほとんど、ということは、そうならないこともあるんですか!?

田中　判決が出たにもかかわらず、お金を払わない加害者が稀《まれ》にいます。その場合は「強制執行《しっこう》」といって、強制的に払わせることになります。具体的には、執行官が加害者の自宅へ行って、その人の家にある金目のものを探したり、銀行口座を差し押《お》さえたりします。[*2]

春名　おぉ……。

田中　しかし、それでもまだ払わない人もいます。その場合は「財産開示手続」を行って、裁判所から「あなたの持っている財産を洗いざらい報告しなさい」という命令を出してもらい、財産の在《あ》りかを調べます。

春名　それが最終手段ですか？

田中　いいえ。残念ながら、そういう命令が出てもまだ無視する人がいます。裁判所からの命令が出ているのに出頭してこないわけですから、この場合は「正当な理由なく出頭しないこと」を理由に刑事告発、つまり「この人を犯罪者として捕《つか》まえてください」と訴えること

＊2　実際には「金目のもの」はほとんど見つからず、「執行不能」で終了することが通常です。そのため被害者は、さらに自分で差し押さえの対象財産を探す必要があります。

ができます。

２０１９年に法律が改正され、「財産開示の手続違反について、６か月以下の懲役又は50万円以下の罰金に処する」という規定ができました。罰金では済まず、刑務所《けいむしょ》に入れられる可能性が出てきたわけです。新聞を詳しく読むと、実際に不出頭を理由に逮捕《たいほ》されたケースがちらほら見られます。

春名　もし、加害者が本当にお金を払えない状況にあったらどうなりますか?

田中　そういうこともあり得ます。その場合は、どうすることもできません……。

春名　その時点では払えなかったとしても、のちに働いてお金を稼《かせ》ぐようになることもありますよね?

田中　そうですね。裁判の判決は10年間有効ですから、その10年の間に加害者がお金を得れば請求することは可能です。ただ、長期間にわたって相手の経済状況を調べ続けるのは、現実的にはなかなか困難です。

春名　加害者が中高生だった場合、そもそも損害賠償を払えないですよね。

田中　加害者が未成年者で責任能力がない場合は、親（監督義務者）が責任を問われることになります。ですから、損害賠償も親か、親に代わる保護者が払うことになります。

春名　「責任能力」があるかどうか、どうやって決まるんですか?

田中　ここでいう責任能力とは、自分の行為の責任を弁識するに足りる知能のことで、過去の裁判では12～13歳《さい》を境にその有無を判断している例が多いです。

春名　さっきの女子中学生の事件もそうでしたが、判決を待たずに示談になるケースも少なくないとか。

田中　被害者と加害者が裁判所を通さずに話し合って解決するのが、示談です。大抵《たいてい》は、加害者側が「示談にしてもらえませんか」といってきて、被害者側が「この金額を払ってくださ い」と要求します。それを受けて加害者側が「いくらにしてもらえませんか」とか「分割してください」とかいってきて、弁護士が調整します。ただ、どうしても調整がつかないときは「やっぱり裁判で争いましょう」ということになります。

春名　ぼくのケースも示談となり、裁判の途中《とちゅう》で訴えを取り下げることになりました。

田中　そうでしたね。

春名　ぼくの場合は名誉毀損罪で刑事告訴して、同時に民事裁判で損害賠償を請求していました。加害者から示談の申し入れがあったとき、ぼくとしては最後まで裁判で争って、きちんと罪を認めてほしいという気持ちがありました。だけど、仮に刑事裁判に勝って名誉毀損罪が確定したとしても、今の日本の法律では相手に科される罰がとても軽い……。迷っているところに、田中先生から「高額な金銭という目に見える罰を与えることも大事。この示談には社会的な意味もあると思います」といっていただき、応じることにしました。

田中　人それぞれ考え方があるとは思いますが、納得のいく条件を引き出せたのであれば、示談も選択肢《せんたくし》の一つだと思います。

春名　もしもSNSいじめを学校の中だけで解決しようとしたなら、削除と開示だけで終わりですよね。でも、法的手段を取ったならば、損害賠償請求という次の段階がある。田中先生は、法律家として、損害賠償請求までやるべきだと思いますか？

田中　どうなんでしょうね。いじめられている子にとっては、いじめられない状況になることがゴールですよね。そのためには、最後まで闘ったほうが確実なのかな、と。加害者が特定できた段階で、相手が心から反省して謝ってきたのならまた別ですが。仮に加害者に反省が見られないのなら、最後までやるべきだと思います。

春名　ところで、ずっと「裁判をしたら勝つ」という前提で話していますが、負けることもあるんですよね？

田中　損害賠償請求訴訟《そしょう》についてはほとんどありません。そもそも「これなら勝てる」という場合でなければ、裁判を起こしませんから。証拠を集めるまでの段階がいかに重要か、ということです。

法律を味方にするために

春名　今まさにSNSいじめの被害にあっている子がもっと法律を味方につけるには、どうしたらいいでしょう?

田中　くり返しになりますが、できるだけ早く相談してほしいというのが第一です。そのときに、投稿の証拠が残っているとスムーズです。

春名　嫌な投稿を見返すことになるのはつらいですが、証拠は自分を守る武器ですもんね。スクショなどで残しておけばいいですか?

田中　そうですね。スクショが難しければ、プリントアウトしておくのでも大丈夫です。いずれにしても一つ重要なポイントがあって、投稿日時やURLがわかるようにしてほしいんです。例えばXなら、投稿されてすぐのつぶやきをタイムラインで見ると「○分(前)」とか「○時間(前)」と表示されますよね。これをスクショしても、何年何月何日の何時何分なのかがわかりません。

春名　本当だ!

田中　そこで、そのつぶやきを一度タップして単独で表示させます。すると、投稿の年月日と時間が出ます。この状態でスクショしてほしいんです。URLについては、その投稿の共有ボタンをタップすると「リンクをコピー」というのが出てきます。

春名　複数の投稿が対象になる場合は、一つ一つこうやって表示させてスクショするんですね。さらにコメント欄《らん》の書き込みも対象になる場合は、それも個別に表示させてスクショする。こういうことを知っておくのは大事ですね。

ぼくの場合は、「Twitter（現X）のつぶやきを画像にして保存するためにウェブ魚拓《ぎょたく》のサービスを使ったりもしました。いたちごっこのようになってしまい、コツコツ集めるのも限界で。

田中　誹謗中傷を書き込むような人の中にはかなり粘着質なタイプもいて、SNS上でそういう人につきまとわれると本当に大変です。

春名　Instagramの場合はどうしたらいいでしょう？　投稿日時を残したくても、そもそも日付までしか表示されません。

田中　Instagramは、ソースコード（プログラミング言語で記されたコンピュータプログラム）を調べないと投稿日時がわからないようになっています。ですから、投稿自体をスクショしてもらい、日時はこちらで調べることになります。

春名　いじめ探偵《たんてい》の阿部《あべ》さんによれば、Instagramのストーリーズが SNSいじめに使われることもあるそうですが、ストーリーズは24時間で自動的に消えてしまいますね。

田中　ストーリーズの投稿自体は見られなくなったとしても、アカウントへのログイン履歴《りれき》は残っていますから、発信者情報開示請求は可能です。

春名　よかった……。

田中　インターネット上の行動というのは、基本的にすべて記録されています。法的手続きを取ってその記録を使えば、誰が書き込んだのかを突き止められる。加害行為をしている子には、あなたがいつどんなサイトを見たか、どんな投稿をしたか、調べようと思えばいくらでも調べられることを覚えておいてほしいです。そして被害にあっている子にもまた、このことを知っていてほしいと思います。

　気をつけてほしいのは、被害にあったとき、慌《あわ》てて自分で削除依頼をしたりしないことです。見るのもつらい投稿を今すぐ消してほしいという気持ちは痛いほどわかりますが、サイトによっては一度削除すると、すべての記録が消えてしまいます。そうなるともう加害者を特定するのは不可能なんです。闘うためには、削除の前に証拠を保全しなくてはなりません。もちろん、裸の写真を拡散されるのを今すぐ止めたい、などの場合は例外ですが。

春名　ＳＮＳいじめにあっている子が、証拠を集めて、法的手段に訴えたいと考えたとします。でも、親御さんが「そんなおおごとにしなくても」と躊躇《ちゅうちょ》することもあるでしょう。そんなとき、田中先生ならどうアドバイスしますか？

田中　法的手段は、加害者に罪の意識が見られない場合には有効だと思います。誰かに訴えられるって、普通の人にとっては一生に一度あるかないかの一大事ですよね。だから、これが深刻な問題であることを相手に気づかせるきっかけになると思います。ひょっとしたら軽い気持ちでやっていたことかもしれないけれど、それが法律に背くことであり、どれほど人を傷つけることであるかを知らしめるわけです。

春名　親御さんの中には、裁判沙汰にすることでわが子がもう一度傷つくのを避《さ》けたい、と考える人もいそうです。

田中　親御さんがそう考えるのも無理はありません。ただ、民事の裁判においては、「陳述《ちんじゅっ》書」といって原告の言い分を記した書類をつくるために事情を整理してもらう必要はあるものの、お子さんにそれほど大きな負担はかからないと思います。

弁護士選びのポイント

春名　いざ弁護士に相談しようというとき、どうやって弁護士を選んだらいいでしょう？

田中　僕の立場であれこれいうのも何ですが……インターネットでやたら派手な広告を打っ

ている弁護士事務所は避けたほうがいいと思います。「誹謗中傷を放置すると、あなたの人生がめちゃくちゃに！」みたいな、必要以上に危機感を煽《あお》るものが多いです。それから、「誹謗中傷対策」などで検索して1ページ目のトップに表示される事務所は、年間何百万円という広告料を払っているはずです。当然、その分弁護士費用が高い可能性があります。

また、電話をかけても弁護士と直接話せなかったり、なかなか弁護士に会えなかったりする事務所もダメです。正式に依頼したあとも事務員が対応するばかりで、弁護士本人に会えない場合があると聞きます。

春名　その弁護士が本当にインターネット上のトラブルに強いかどうか、どうやって見分けたらいいですか？

田中　同様の事件に慣れているに越《こ》したことはないですから、単刀直入に「ＳＮＳにまつわるトラブル、何件くらい扱ってますか？」と聞いてもいいんじゃないでしょうか。あるいは、大きい図書館だと「判例検索」といって、過去の裁判のデータベースが見られます。そこに弁護士の名前を入れて検索すれば、どんな裁判に関わってきたかがわかります。

春名　それは役立ちそうですね。

田中　あと、弁護士費用は必ず事前に確認してください。弁護士の報酬《ほうしゅう》というのは完全に自由化されていて、個々の弁護士によって、または事務所によって違いますから。

春名　目安として、田中先生にお願いした場合の費用をうかがってもいいですか？

田中　僕の事務所では、削除請求と発信者情報開示請求を一括《いっかつ》で引き受けて33万円です。その後、内容証明を送った段階で謝罪と賠償を得られれば、その賠償金額の16パーセント＋消費税を成功報酬としていただきます。内容証明で終わらずに裁判を起こすことになった場合は、裁判の費用としてさらに33万円がかかります。その裁判に勝って賠償を得られれば、その賠償金額の16パーセント＋消費税を成功報酬としていただきます。

でも、この金額が目安になるかどうかはわかりません。相場というものがありませんし、うちはおそらく安いほうだと思います。

春名　相場がないって、依頼するほうとしては尻込《しりご》みしてしまいますね。

田中　極端《きょくたん》な例ですが、ある掲示板のスレッドの削除請求に、弁護士費用として５００万円払ったケースがあると聞いたことがあります。

春名　え！

田中　これは異常ですが、そのくらいピンキリということです。とはいえ、削除請求と発信者情報開示請求で60～70万円のところが多いようです。インターネット関連の事件は年々増えているでしょうし、昔に比べて発信者情報開示までのプロセスが簡易になってきているので、これから少しずつ下がっていくのではないかと予想しています。

春名　誹謗中傷をしている人が複数いる場合や、対象となる投稿が多い場合は、弁護士費用も変わってきますか？

田中　訴える相手が増えれば、その分弁護士費用も上がります。相手が一人であっても、アカウントの数が多かったり対象の投稿が数十件におよんだりする場合は、どうしても手間がかかるので費用に影響します。

春名　法テラス（日本司法支援《しえん》センター。法的なトラブル解決に役立つ情報を提供する公的サービス）などを利用する方法もありますよね。

田中　法テラスには、無料の法律相談や弁護士費用の立て替《か》えなど、経済的に余裕《よゆう》のない方をサポートする制度があります。また、市役所などで定期的に弁護士の無料相談会などを催《もよお》しているところもありますね。ただ、そのときたまたまいる弁護士が、インターネット関連の事件に詳しい人かどうか……あまり期待はできませんが。

春名　多くの人は、法的手段を検討するにしても、何をどう相談したらいいのかすらわからない、というのが正直なところだと思います。だから、無料相談会などである程度知恵《ちえ》をつけて、それから専門的な知識を持っている弁護士を探して正式に依頼する、みたいに使い分けてもいいかもしれませんね。

田中　相談料を30分につき５０００円ほどに設定している弁護士事務所が多いですが、中には無料で相談を受けているところや、うちのようにメールでのやりとりが可能なところもありますから、そういう事務所を近くで探してみるのもいいと思います。

春名　いずれにしても「安い」とはいえない弁護士費用ですが、一般的には、裁判に勝てば弁護士費用も加害者に請求できますよね。

田中　裁判にかかった弁護士費用は請求できますが、発信者情報開示までにかかった費用については、全額認められたケースと一部しか認められなかったケースがあり、裁判官によって判断が分かれています。また、加害者に支払い能力がなかった場合は、被害者が弁護士費用を全額負担することになるというのも心に留めておかねばなりません。

加害者たちの共通点

春名　田中先生はお仕事柄《がら》、加害者の人にも会ったことがあるんですよね？

田中　たくさん会いました。年齢《ねんれい》もバラバラだし、仕事をしているかどうか、どんな家族構成かなど、本人の置かれている状況もバラバラです。ただ、一つ共通しているのは、自分自身の現状に大きな不満を持っているという点です。昔は大企業に勤めていたのに、今は無職になっているとか。がんばって受験勉強をして有名大学を卒業したのに、いい仕事に就けていないとか。何というか、「自分自身を許せない」みたいな人が多いです。

だからといって、誰かを誹謗中傷する理由にはならないし、どういう気持ちで人にひどい言葉を投げつけるのか僕にはさっぱりわかりません。でも、彼らを見ていて思うのは、誹謗中傷の加害者になってしまったことの根本的な原因は、彼ら自身の中にある、ということです。彼らの内面の問題が解決しない限り、罪の意識もないままに延々と同じことをくり返してしまうんだと思います。

春名　訴えられた経験があるのに、また誹謗中傷をくり返す人もいるんですか？

田中　裁判で同じ被告に二度出くわしたことはありませんが、かつて訴えられた人が、やり方を変えて同じことをくり返しているのはよく見かけます。何が法的にダメかがわかっているので、相手の名前を書かないとか、表現をマイルドにするとか、やり方が巧妙《こうみょう》になっていたりして。

春名　ぼくも思い当たることがあります。

ぼくの場合、小学生のときに受けていた誹謗中傷がいちばんひどかったんですけど、どんどんエスカレートして家の住所をさらされたこともあったし、殺害予告や爆破《ばくは》予告までありました。警察に行ったことをつぶやいたら少し収まったものの、それでも加害者を特定するに至らなかったことがわかると、さらにヒートアップしてしまって……。

その後、裁判に勝ったあとは、それでもまだ書き込んでくる人がいるものの、ちょっと表現がマイルドになりました。こんなふうに加害者はこちらの動きを見て、やり方を変えてくるんです。

田中　悪い意味で学んでしまっているんですね。

春名　鋭《するど》い言葉をぶつけられなくなったことで、随分《ずいぶん》ラクにはなりましたけど。田中先生がおっしゃるように、彼らの内面が変わらない限りダメなんでしょうね。ぼくが裁判をした相手から受け取った謝罪文も、本当に反省しているとは到底《とうてい》思えないものでした。

田中　あの謝罪文は、謝っているとはいえないものでしたね。

春名　SNSいじめの多くは蓋《ふた》を開ければ個人の憂《う》さ晴らしだったりするのに、被害にあったほうは加害者を突き止めるためにまずX社とかGoogle社とか巨大《きょだい》企業を相手に闘わなくちゃならない。加害者の前にこうした壁《かべ》が立ちはだかっていることにも、大きなダメージを受けてしまいます。

田中　本当にその通りです。日本国憲法には「表現の自由」や「通信の秘密」が保障されていて、サイト管理者はこうした権利を主張して削除や開示を拒《こば》んだりします。表現の自由も通信の秘密もとても重要な権利ですから、彼らの主張は建前としては正しいです。

でも、僕にいわせれば、彼ら自身だってその権利を侵害していると思います。例えば旧

Twitter社は規約違反を理由にたくさんの投稿を削除していますし、ドナルド・トランプ前アメリカ大統領のアカウントを凍結《とうけつ》したのは有名な話です。そうやって自分たちの基準を振りかざしておきながら、誹謗中傷の被害者からの求めを拒むというのは、何だか奇妙《きみよう》なことだという気がずっとしています。

春名　結果的に、加害者側が守られていますよね。

田中　そういう側面はありますね。サイト管理者も犯罪者を守っているという意識はなくて、あくまで自分たちの商品であるコンテンツを守りたいということなんでしょうけど。

春名　田中先生ご自身は、どんなふうにSNSを使っていますか？

田中　僕のような仕事をしている人たちは、かなり慎重《しんちょう》です。自分の投稿がどんなふうに使われるかわからないので、インターネット上での表現行為を必要以上に控《ひか》えてしまっているところがあります。これって、よくないですよね。インターネットはみんながどんどん表現活動をして、情報を流通させてこそ価値のあるものなのに。

法律は手段、弁護士は道具

春名　いじめはどの世代にもありますが、大人の世界で起きていた誹謗中傷の問題が、今、中高生の間でも起きていて「SNSいじめ」と呼ばれているんだと思います。田中先生は、今の中高生が直面しているSNSいじめの問題をどのように見ていますか？

田中　僕自身は子どもがいませんし、今の中高生がどんなふうにインターネットを使っているのかをちゃんと理解できているわけではないんですが、そういう問題が起きているであろうことは想像がつきます。

ただ、僕のところに相談のあったSNSにまつわるトラブルで、中高生が当事者であるケースはごくわずかです。実際には起きているのに、弁護士のところに聞こえてきていないというのは、どういうことなんだろうかと考えます。学校内の問題として、なるべく公《おおやけ》にせずに処理しようとしているのか。それとも法的な問題として認識されず、子ども同士のことだからとうやむやになっているのか。明らかな犯罪や不法行為までもが、小さい問題として処理されてしまっているのではないかという気がします。

春名　ぼくもそう思います。

田中　「いじめ」って「犯罪」よりも軽く感じるというか、小さい問題のように見えてしまうのかもしれません。でも、実態としては犯罪や権利侵害に当たるケースが少なからずあるはずで。もっと弁護士を使って法的に解決するケースが増えていいんじゃないかと思います。

春名　学校内でのいじめって、実はそのほとんどが法的にダメなんじゃないかと思います。

殴る、蹴《け》る、服を脱《ぬ》がす、恥《は》ずかしい写真や動画を撮る、悪口をいう……。

田中　すべて犯罪もしくは不法行為です。同じことを大人がやったら、どう考えても即《そく》アウトです。それが学校の中だから、あるいは中学生同士だからという理由で犯罪や不法行為として認識されないのは不思議な話です。

「いじめ防止対策推進法」という、いじめに関する法律があります。そこでは、いじめとは「子どもが子どもに対して行う行動（インターネットを使った行動も含《ふく》む）のうち、被害者の子どもが心や体に苦しさや痛みを感じるもの」とされています。心や体に苦痛を与える行為とは、つまり人権侵害です。人権とは、すべての人が生まれたときから持っているもので、一人の人間として尊重され、自分らしく生きる権利です。それを脅《おびや》かすことは、明らかに犯罪行為です。

大人同士だったら犯罪としてすぐさま警察沙汰や裁判沙汰になるようなことが、子ども同士だと「いじめ」と呼ばれているだけ。いじめという言葉に置き換《か》えて学校内の小さな問題だと捉《とら》えておけば、大人がラクってだけなのかもしれない。そういう、大人が自分で自分を欺《あざむ》いてものごとを深刻化しないようにしている節があるような気もします。

春名　被害にあっている子の親御さんですら、そういうところがあるかもしれませんね。わが子がいじめにあっていると知ったとき、多くの親御さんはもう少し様子を見ようとしたり、

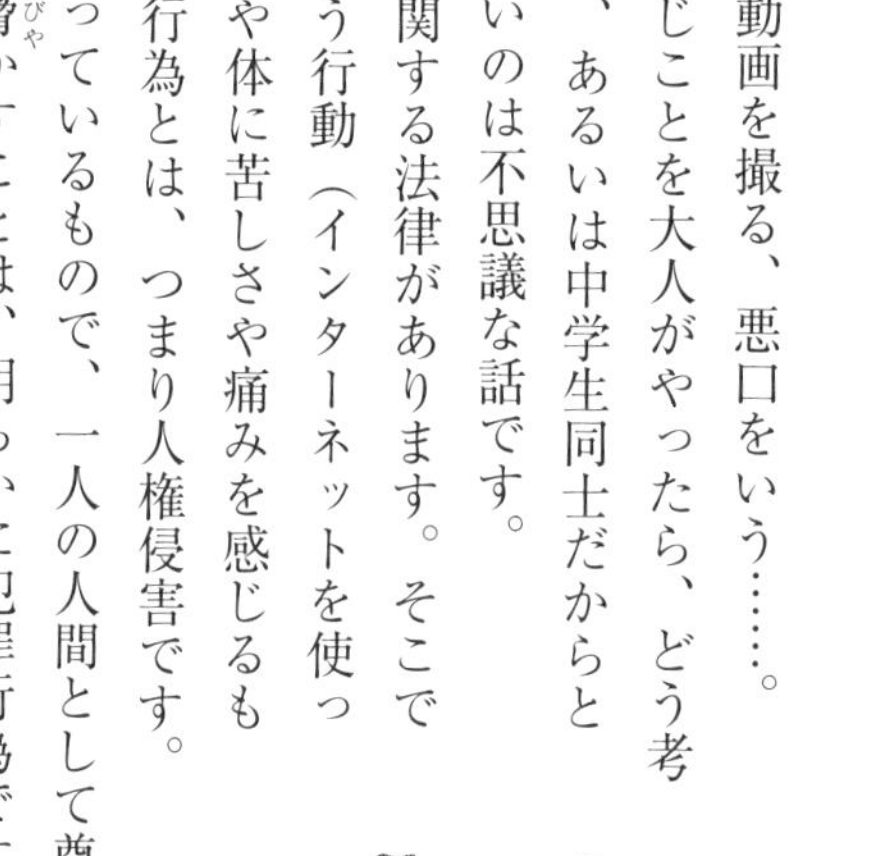

先生に相談しようとしたりすると思います。でも、わが子が犯罪の被害にあったとなったら、すぐにでも警察に駆け込んだり、弁護士に相談したりするんじゃないでしょうか。

田中　いじめが人権侵害であるということが、見逃《みのが》されていますよね。僕は学校問題の専門家ではありませんが、僕が子どもの頃からあったいじめというものがいまだに解決していないどころか、むしろ悪化しているのだとしたら、法律家としては、学校だろうとどこだろうともっと普通に法律を適用していったほうがいいように思います。

春名　ぼくたちは、もっと法律を知らなきゃいけないってことでしょうか？

田中　うーん。知ろうとしたほうがいいのかもしれないけれど、法律って、わかりにくいですよね？　僕自身、法律が好きじゃありません。

春名　え？

田中　だって、条文読んでわかります？　わざとやってるとしか思えないくらい、わかりにくいですよね？

春名　……ですね。

田中　だから、みんなが法律を専門的に勉強する必要はなくて、厄介《やっかい》ごとを解決するための手段として利用すればいいんです。で、うまく利用するための道具として、弁護士がいて、裁判がある、という。それでいいんじゃないでしょうか。

春名　だんだん法律の見え方が変わってきました。

田中　「法は道徳の最小限である」といわれます。道徳というのは、生命を大切に思う気持ちであったり、善悪をわきまえて正しい行動をしようとすることであったり、人間の内面にある規範《きはん》のことですよね。それに対して法律はもっとうんと小さい概念《がいねん》で、みんなで社会生活をしていくうえで、最低限これだけは守ろうよ、というルールなんです。法律には反しないけれど、道徳に反することなんて、いくらでもあるわけで。

だからこそ、法律というのは平等に適用されるべきだと思います。厳格にね。だって、最小限のものなんですから。学校内のことだからとか、子ども同士のいじめだからとか、そういう理由で除外されるべきものではないと思います。

memo

田中先生が教えてくれたこと

田中先生はいつも穏《おだ》やかだ。ドラマに出てくる弁護士が「異議あり！」と大声で叫《さけ》ぶのとは正反対。そんな田中先生の話で、法律のイメージが変わったんじゃないだろうか。「法廷で争う」とか「裁判で闘う」なんていうから、法律を使うことは相手に挑《いど》むことであるように思える。だけど、法律は相手をやっつけるためじゃなく、当たり前の生活を守るためにあるんだ。

✔法律は自分を守るためのもの

普段の生活で法律を身近に感じることって、あまりないよね。だけど、田中先生がいっていたように、「法律は問題を解決するための手段」とシンプルに考えたらいいと思う。すべての人に平等に与えられている正当な手段だ。何でもかんでもすぐ訴えるような訴訟大国がいいとは思わないけれど、少なくとも、SNSで嫌な言葉を浴びせられた人が法律を使って自分の心や体、生活を守るのは、当然のことだと思う。

✔専門家に頼《たよ》ろう

法律の知識があれば、もちろん役にたつ。だけど、田中先生ですら条文を「わかりにくい」といっていたくらいだから、専門家でないぼくたちがすべてを理解するのは難しい。だから「こんなのおかしい」「自分は犯罪の被害にあっているかもしれない」と気づけるくらいの、ざっくりした知識を身につければいいんじゃないかな。

そこから先は、専門家を頼ればいい。弁護士に相談するとなると、どうしても大人の協力が必要になる。経済的に難しい場合は、ぜひ法テラスや無料相談会などを活用してほしい。もし、人前に出ることや、もっと傷つくかもしれないことを心配しているのなら、きっと大丈夫。ぼくの場合もそうだったけれど、依頼したらあとのことは全面的にお任せできる。

✔解決の糸口としての裁判

裁判を起こすことに抵抗《ていこう》を感じる人は少なくない。「世間を騒《さわ》がせちゃいけない」とか「おおごとにするのが恥ずかしい」という感覚もあるかもしれない。でも、無闇《むやみ》に心を傷つけられるなんて、おおごとだ。それに、SNSいじめをするような人には、そもそも自分のしていることが「犯罪」だという自覚がない。そして、その子の近くにいる大人もまた問題の重大さに気づいていない場合が多い。田中先生が、大人なら即アウトな犯罪が「子ども同士のことだからとうやむやになっている」という可能性を指摘《してき》していたけれど、それが現状だと思う。

裁判は、そんな状況を打破するのに役立つ制度だ。加害者が罪であることを自覚しない限り、いじめは解決しない。裁判という大きな場に持ち出すことで自覚を促《うなが》し、問題を小さくすることができるんだ。だから、この制度を使うことに引け目を感じる必要なんてないし、根本的な解決の糸口だと捉えてみてはどうだろう。

第5章

心の傷は
いつか癒える?

精神科医 松本俊彦さんと話す

WORLDLY WISDOM
FOR 14 YEARS OLD

松本俊彦《まつもととしひこ》さんのこと

ぼくが誹謗《ひぼう》中傷に悩《なや》まされていたのは、今から10年ほど前のことだ。当時は誹謗中傷が被害者《ひがい》の心におよぼす影響《えいきょう》についてあまり認識されていなかったこともあって、ぼく自身は、カウンセリングや精神医療《いりょう》を受けるという選択《せんたく》はしなかった。だけど、死にたいくらいつらいとき、プロフェッショナルとして支えてくれる専門家の存在は心強いものだと思う。

そうはいっても、精神科が一体どういう分野なのか、病院ではどんな治療《ちりょう》が行われるのか、さっぱりわからないよね。そこで、精神科医の松本俊彦さんに話を聞いてみることにした。松本先生は薬物依存症《いぞんしょう》の専門家として知られていて、摂食《せっしょく》障害や自傷行為《こうい》などにも詳《くわ》しい。それに、松本先生のスタンスは、ぼくたちが知る医者と患者《かんじゃ》の関係とはちょっと違《ちが》う。手術で悪いところを取り除いたり薬で症状《しょうじょう》を抑《おさ》えたりして「はい、おしまい」、というんじゃなく、心に傷を抱《かか》えた人たちに寄り添《そ》って、一緒《いっしょ》に考えてくれるんだ。無理なくゆるやかに、じっくりと気長に。

これまでずっとSNSいじめをする人たちと闘《たたか》ってきたぼくは、目の前の困難に立ち向かうことに必死だった。闘っている間はそのことに精一杯《せいいっぱい》で、自分の心が深く傷ついていることに気がつかないくらいだった。そして、ようやく状況《じょうきょう》が落ち着いてきたときにはじめて、傷ついている自分と向き合うことになった。その苦しさは、誹謗中傷を受けていた瞬間《しゅんかん》の苦しさ以上かもしれない。

そもそも、心の傷って何だろう。果たして癒《いや》すことができるものなんだろうか。

松本先生に率直に尋《たず》ねてみよう。

いじめが心に与《あた》えるダメージ

春名　松本先生は精神科医としてお仕事をされていますが、ぼく自身、「精神科」という分野が何を扱《あつか》うのかよくわかっていないところがあります。まず、精神医療とはどういうものなのか、教えてください。

松本　医者って、内科と外科の区切りもあれば、さらに心臓や呼吸器、消化器など臓器ごとの専門家もいますよね。では、精神科医は何を扱う専門家でしょう？　「精神」というからには脳や神経と関係していそうですが、脳外科や神経科というのもありますし。そうやって考えていくと、精神科医が扱う臓器は「心」なんです。
　ほかの臓器と違って、心は目に見えないし形もありません。テレビにたとえるなら、液《えき》晶《しょう》パネルだとか電気信号だとか、テレビを機能させるためのメカニックな部分を扱うのが脳外科や神経内科で、そこに映し出された映像を扱うのが精神科、といえるかもしれません。実体のないものを扱っているだけに、よく知らない人からは占《うらな》い師や魔《ま》法《ほう》使い、あるいは詐《さ》欺《ぎ》師のように見られることもなきにしもあらず……。
　とはいえ、こうした「わからなさ」が意外と大事なんじゃないか、というふうにも思っています。心に問題を抱えていると、頭が痛くなったり、お腹の調子が悪くなったり、体のさまざまな部分に症状が現れますよね。だから、精神科というのはどこか特定の臓器だけを診《み》るのではなく、その人全体を診ないといけない科だと考えています。僕《ぼく》の勝手な解《かい》釈《しゃく》ですけどね。

春名　その精神科の中でも、特に依存症を専門にされているとか。

松本　僕の専門は「薬物依存症」です。薬物依存症とは、ある薬物をやめたいのにやめられず、自分の意志ではコントロールできない状態になる病気です。薬物には、覚せい剤《ざい》や大麻《たいま》などの違《い》法《ほう》薬物だけでなく、アルコールやタバコ、またドラッグストアなどで売られている市《し》販《はん》薬なども含《ふく》まれます。この薬物依存症という病気を中心に、ゲーム依存やインターネット依存などの患者さんに接する機会もありますし、リストカットをはじめとする「自傷」についても研究しています。

春名　いじめの問題に取り組んでいると、「薬物」や「リストカット」という言葉をときどき耳にします。

松本　薬物依存症や自傷行為の背景にいじめが存在することは、めずらしくありません。今まさにいじめられているという患者さんもいますし、大人の患者さんで、よくよく話を聞いてみると子どもの頃《ころ》にいじめの被害にあっていたというケースもあります。

春名　それは、いじめが被害者の心に何らかの影響をおよぼした、ということですよね。いじめが心に与えるダメージとは、どのようなものですか？

松本　自分を批判する人がたくさん現れて、その人たちから一斉《いっせい》に否定され、孤立無援《こりつむえん》にさせられる状況がいじめなんだと思います。そういう状況に置かれると、最初は「自分は間違っていない」と思っていたのが、だんだん揺《ゆ》らいでくるんです。もしかしたら自分は間違っているのかもしれない、自分がいることでみんなに迷惑《めいわく》をかけているんじゃないか、自分はいちゃいけない人間なんだ、と。

本来、自分は自分のいちばんの味方でなきゃいけないのに、自分まで敵に回ってしまった状態……これが最も心にダメージを与えるんだろうと思います。自分の考えや感覚すらも信じられなくなると、もう何も支えがなくなってしまいますよね。そうなると、世の中すべてが敵に見えてしまうんじゃないでしょうか。

春名　リアルないじめとSNSいじめとで、心のダメージに違いはありますか？

松本　決定的に違うのは、SNSいじめには逃《に》げ場がない、という点です。今は、みんなが常にスマホを持ち歩いていますよね。出かけているときだけでなく、家にいるときも何となく近くに置いている人が多いと思います。そうなると、いじめの加害者たちのいる学校や塾《じゅく》などから物理的に離《はな》れたとしても安心できなくて、ずっといじめられている状態になってしまいます。

それから、SNSの特徴《とくちょう》として、いわゆる「エコーチェンバー効果」のようなこともあると思います。エコーチェンバー効果とは、閉ざされた空間の中でコミュニケーションをくり返すことで、偏《かたよ》った意見が増幅《ぞうふく》され、あたかもSNS空間いっぱいに響《ひび》き渡《わた》っているような状況を呈《てい》して、それが正解であるかのように思えてしまうことです。ある人がネガティブなことをいって「そうだ、そうだ」という声が上がると、実際には違う見方をしている人もたくさんいるはずなのに、ネガティブな声ばかりが増幅して強化されていく。そうなると、もうネガティブな声しか聞こえなくなってしまうんです。

そういう意味で、SNSいじめのほうが四面楚歌《しめんそか》というか、孤立してしまう感じがより強いように思います。

春名　わかるような気がします。ぼくの場合は誰《だれ》だかわからない人から誹謗中傷を受けていたので、家から一歩外に出たら「目の前の人が書き込《こ》みをしたのかもしれない」という感覚が拭《ぬぐ》えませんでした。

精神医療のアプローチとは

春名　薬物依存症やリストカットの背景にいじめの問題が潜《ひそ》んでいるのはめずらしいことじゃない、というお話がありました。

松本　それはもう、精神医療の世界では当たり前のようによくあることです。

春名　いじめを受けたことによる心の傷が、薬物依存やリストカットを引き起こすということでしょうか？

松本　薬物依存もリストカットも、自分を傷つける行為ですよね。誰かを攻撃《こうげき》せずにはいられないときに、絶対に罪に問われず絶対に仕返しされることのない暴力が自傷行為なのかもしれない、というふうに思うんです。やり場のない怒《いか》りを抱えているのに、相手が自分よりうんと強かったり相手の数が多かったりしたら、どうすればいいんでしょう？　ＳＮＳいじめなら、怒りをぶつけるべき相手が誰なのかすらわからないこともあります。そうなるともう、行き場を失った怒りを自分にぶつけるしかない……。そんなふうにして、市販薬を大量に服用したりリストカットをくり返したりするケースがあります。

春名　市販薬というのは、ぼくたちもよく知っているようなものですか？

松本　風邪《かぜ》薬や頭痛薬などとして一般《いっぱん》的に売られているものです。街のドラッグストアなどで簡単に手に入りますから、中学生でも親に隠《かく》れて買ったり飲んだりできるし、周囲が気づいたときには症状が重くなっていることも少なくありません。

春名　親は子どもの行きそうなドラッグストアまで把握《はあく》しておかなきゃならないってことでしょうか？

松本　あまり束縛《そくばく》しても反発を招くだけでしょうし、難しいですよね。

それに、もしお子さんが薬に頼《たよ》っていることに気づいたとしても、有無をいわさず取り上げるのはかわいそうかな、と思います。親御《おやご》さんの「何としてもやめさせたい」と焦《あせ》る気持ちは理解できます。でも、本人は薬に頼らなければならないほどつらくてしんどいんです。薬を取り上げたところでつらさが消えるはずもなく、「じゃあ、このつらさをどうしてくれるんだ？」ってことなわけで。

だから、まずは「何があったの？」と聞いてあげてください。問いつめるんじゃなく、落ち着いた状態で、ゆっくりね。急に薬をやめることはできないかもしれないけれど、これ以上増やさないためにはどうしたらいいか、ちょっとずつ減らすにはどうしたらいいか。一歩ずつ考えていくしかないのかな、と。

春名　そんなふうに歩み寄ることが、心の傷を抱えた人への精神医療的アプローチ、ということでしょうか？

松本　僕たちにできることは、まず、味方になることなんだと思います。「あなたが間違っているわけじゃないよ」と伝えて、応援《おうえん》団の一人になることはできる。しかし、それではいじめられている状況を変えることはできませんから、実はいじめの苦痛に耐《た》えるお手伝いをしているだけですね。本当に無力です。

だけど、もう一つ力になれるとしたら、裁判を起こしたいとなった場合に精神医学の専門家として診断《しんだん》書を書くことはできます。「これこれこういう理由によって、こんなダメージを受けました」とね。加害者を傷害罪に問うことは肉体的なダメージに限らず、メンタルなダメージを受けたことで、精神医学的症状が出現した場合には可能なので。

春名　その点は、精神科医とカウンセラーの大きな違いですね。

松本　まあ、紙切れ一枚ではありますが、法廷《ほうてい》では力になると思います。

「死にたい」といってくれて、ありがとう

春名　もしもいじめに傷ついた人が「あまりにつらくて、もう死にたいです」と相談に来たら、松本先生はどう対応しますか？

松本　まずは「死にたい」といってくれたことを評価します。死にたい気持ちをわざわざ伝えに来てくれたということは、死にたいくらいつらいけれど、そのつらさが少しでも和《やわ》らぐのなら本当は生きたい、ってことですよね。僕に望みをかけてくれたってことですから、死にたい理由やその背景にある根本的な原因を丁寧《ていねい》に聞いたうえで「じゃあ、これからどうしようか」と話し合います。

　絶対にしないようにしているのは、死にたいという気持ちを否定することです。死にたいといわれたら、反射的に「死んじゃダメだ」「命を大切にしろ」といいたくなるかもしれませんが、そんな正論は本人を追いつめるだけです。だから、「死にたい」と伝えてくれたことを評価するところからはじめます。

春名　あぁ、それはこれまで気づかなかった視点です。死にたい気持ちを否定することで、傷をえぐってしまうんですね。

松本　「死にたいくらいつらい自分」を否定されることになりますからね。だから、まずは死にたい気持ちを認める。死にたいと伝えるために生きた状態で来てくれたことの意味を、僕たちは考えなきゃいけないと思うんです。やっぱり、何とかしたいと思っているから来てくれたんですよ。

春名　精神医療においては、もしかして「やるべきこと」よりも「やってはいけないこと」のほうが明確なんでしょうか?

松本　明確にいっちゃいけない言葉がいくつかある反面、「これをやれば大丈夫《だいじょうぶ》」という万能な方法はありません。だから、僕たちはやるべきでないことはやらないようにしつつ、何をやればいいのかをその都度手探《てさぐ》りしています。

春名　心の傷を抱えた人に、いっちゃいけない言葉とは?

松本　例えば「がんばれ」や「もっと根性出せ」。それから「やられたら、やり返せ」とかね。本人を追いつめる言葉はよくないと思います。

　あとは、本人が抱えている事情を無理に聞き出そうとしないことです。いじめの被害って、そう簡単には相談できないものです。子どもだってプライドがありますから。学校で仲間外れにされていたりSNSで悪口を書かれたりしている状況を、本人がいちばん不甲斐《ふがい》ないと感じているはずです。だから、親も含めて周囲の人にはそういう気持ちを尊重してあげてほしいと思います。隠す自由も認めながら、でも「心配しているよ」というサインを出す、みたいなね。

春名 気にかけてもらえているんだ、と感じるくらいの。

松本 重荷にならない程度にね。例えば、親が「あなたのこと、とっても大事に思っているのよ！」などとまくしたてても、「そんなに大事に思われている自分がいじめられているなんて、やっぱり知られるわけにはいかない」と余計に負担をかけてしまいかねません。かといって、見て見ぬ振《ふ》りをしては取り返しのつかないことになるかもしれず、実に悩ましいところですが。

春名 早く解決しなきゃいけない、と焦らないほうがいいのかも。

松本 そもそも早く解決できることじゃないですしね。

春名 精神科医の仕事は、患者さんを変えることではなくて、患者さんを受け止めることなんですね。

松本 そうですね。ただ、僕もいつもうまくできているわけじゃなくて、どうも患者さんと食い違っているなと感じるときがあります。よかれと思ってやっていることが、裏目に出ているように思えることがあって。それはやっぱり、自分の価値観を押《お》しつけていたり、相手を無理に変えようとしているときなんですよね。

心に傷を負ってメンタルの問題を抱えている人に「変わりなさい」とか「成長しなさい」と要求するのは、すごく残酷《ざんこく》なことのような気がするんです。それは、「今のままじゃダメだ」っていっているのと同じですから。

春名　何だか、これまでの自分を反省します。「死にたい」っていわれたら、どこかで「死にたいと思わないようになってほしい」と考えてしまっていました。

松本　そう考えるのは自然なことです。ただ、本人を追いつめないであげてほしい、というだけで。

それに、冷静に考えてみると、「死にたい」と思うことは必ずしも悪いこととは限らないかもしれません。子どもの頃から「何となく死にたい気持ち」を持ち続けている人って、案外いるものです。そういう気持ちはずーっとあるものの、いつのまにか「今すぐには死ねない理由」が増えていって、結果としてずっと生きている……そういう人、世の中にはいっぱいいいるので。

心の痛みはあとからやってくる

春名　さきほどのお話にあった「子どもにだってプライドがある」というのは、ぼくにも思い当たるところがあって、小さい頃のほうが今よりもプライドが高かったような気がします。ＳＮＳで嫌《いや》な言葉を投げつけられ、それに対して9歳《さい》のぼくが毅《き》然《ぜん》と返す……当時、そういうやりとりが話題になったんです。話題になったことで、「こうやって対応するのがかっこいいことなんだ」と思ってしまって、常に強い自分であろうとしました。

　ぼくが精神医療にかかるという選択をしなかったのは、そもそも知識がなくて思いつかなかったこともあるけれど、加害者の人たちに「負けたくない」という気持ちもあったと思うんです。心を病《や》んで医療にかかってしまったら、ぼくを攻撃していた人たちにとって「勝ち」になってしまうから。強くあることが子役としての仕事にもつながっていたので、そういう自分であり続けなきゃいけないという強迫《きょうはく》観念のようなものがありました。

松本　ましてや、精神科で妙《みょう》な診断がついてしまうと、仕事にも差し障《さわ》りますよね。

春名　仕事への影響に加えて、医療にかかって病名がついてしまうのが怖《こわ》かったというのもあります。誹謗中傷の中には、ぼく自身ではなくてぼくの親に対する攻撃も結構あって、「親にやらされているんでしょ」などといわれるのが本当につらかった。病名がついたりしたら、それこそ親のせいにされると思ったんです。

松本　そうだったんですね。

　春名さんが精神医療にかかることを思いつかなかったように、いじめの被害にあっているまさにそのときに僕たちのところへ来る人はあまりいません。なぜなら、因果関係がはっきりしているから。不調の原因がはっきりしている場合、病院に行こうとは思わないものです。でも、失恋《しつれん》でショックを受けたからといって、精神医療にかかろうと思わないのと同じです。でも、失恋から1年経《た》っても2年経っても眠《ねむ》れない……となったとき、精神医療という選択肢《し》が浮《ふ》上《じょう》することになるわけで。

春名　遅《おく》れてやってくる心の痛み、ぼくも今まさに実感しています。被害の渦中《かちゅう》にいるときは毎日耐え抜《ぬ》くことに精一杯で、さほど感じていなかったんです。少しでも弱みを見せたらゲームオーバーだ、くらいの感覚でいましたから。

ごく最近のことです、「死にたいくらいつらかった」って言葉にできるようになったのは。「あぁ、あのときしんどかったなぁ」とふと思い返した瞬間に、自尊心がぎゅーっと下がってしまう感じです。心の痛みは、いじめられている最中じゃなくて、少し落ち着いたときにやってくるものなんでしょうか。

松本　時間を経ることでさまざまな意味づけがなされていき、「本当はあのとき傷ついていたんだな」と気づくことはあると思います。あるいは、忘れていたつもりだったのに、何かしらの困難に直面したときに相乗作用で症状が現れることも考えられます。

春名　それまでは心の痛みに蓋《ふた》をしていたということでしょうか？　それとも、時間とどもに心の痛みが増して耐え切れなくなったということ？

松本　二つの可能性があると思います。一つは、闘っているときは気が張っているから「ケンカの最中には痛みを感じない」みたいな現象が起きている状態。だけど、実際は思いのほか傷ついているので、嵐《あらし》が静まったときに急に痛みはじめます。

もう一つは、ＰＴＳＤのような状態です。ＰＴＳＤとは「心的外傷後ストレス障害」とも呼ばれ、衝撃《しょうげき》的な体験によって心に傷を受け、それによってさまざまな症状が引き起こされる病気です。健康な人は嫌な記憶《きおく》をどんどん忘れていくのが普通《ふつう》で、お年寄りがよく「昔はよかった」とか「若い頃はすごかった」なんて口にするのは、嫌なことやかっこ悪いことをすっかり忘れているからなんですよ。ところが、ＰＴＳＤになると、時間が経っても嫌な記憶がちっとも薄《うす》まっていきません。人によっては、薄まるどころか克明《こくめい》になっていったり、いいことのほうを忘れてしまったりします。こうなると、時間が経つほどに心の痛みが強くなることも。

春名さんはおそらく前者で、当時は気を張っていたから気づかなかったけれど、あとになって痛みを感じるようになった、ということのような気がします。

春名　そうだと思います。何というか、幸せになるごとに心が痛んでくるような感じがしています。ぼくにとっていちばんつらかったのは、身近な人たちがぼくのせいで悪くいわれることでした。だから、誹謗中傷の被害にあってからというもの、気の合いそうな人に出会ったとしても「ぼくと親しくなることでこの人も悪くいわれるかもしれない」と考えて、誰とも仲よくならないようにしていました。その後、裁判を終え、大学に通いはじめて友達が増え、状況がよくなりました。そうやって少しずつ幸せになったとき、今度は自分で自分を縛《しば》っていたかつての自分が嫌になってしまって……。

一方で、こんなふうに話すことができるのは、ある程度回復してきたからだとも思います。心の傷に向き合うのって、ものすごく大変で。傷ついた自分を認めるのは、本当に苦しかった。もしも当時のぼくがこの対談をしていたら、もっとイキっていたと思います。「別に、傷ついてませんけど?」って。

松本　たくさん傷ついて、自分を否定して、自己評価がズタボロのときって、逆に弱さをさらせないですよね。弱さを見せられるのって、「自分には力がある」「自分はやれるんだ」っていう気持ちがあるときなんです。

だからこそ、時間が必要なんだと思います。いじめられている人がＳＯＳを出さずにいる背景には、「これ以上、惨《みじ》めな思いをさせないでくれ」「自己評価を下げさせないでくれ」という気持ちがあるんだろうと思います。

いじめが残す、思考の轍《わだち》

春名　お話の中にＰＴＳＤ（心的外傷後ストレス障害）という病名が出てきましたが、これってトラウマのことですか？

松本　簡単にいうと、トラウマとは衝撃的なできごとや強い恐怖《きょうふ》を感じるできごとを体験したことによる心の傷のこと。ＰＴＳＤは、その心の傷によってさまざまな症状が引き起こされる病気です。

春名　どんなことがトラウマになるんでしょうか？　人生でいちばん傷ついたこと？

松本　いろんなトラウマがあるんですけど、そもそも何がトラウマになるかは人によってまったく違います。例えば、発達障害があってある種のできごとに過敏《かびん》な人にとっては、他人から見ると「え、これが？」ということがトラウマになったりします。

最もトラウマ化しやすいのは、生命の危機に関わることです。そういう意味で、戦争は多くのトラウマを生み出します。また、生命を危険にさらした加害者が自分の信じている人だったり愛している人だったりすると、こじれやすいといわれています。
それから、虐待《ぎゃくたい》や性暴力被害もトラウマを生みます。とりわけ性暴力被害の場合は誰にもいえない状況に陥《おちい》ってしまうケースがあり、それが症状を深刻化させてしまいます。また、被害にあったあとに「君にも非があった」といった声が聞こえてくると、一層こじれやすくなります。

春名　トラウマが引き起こす症状とは、どんなものですか?

松本　普通ならば忘れてしまうほど長い時間が経ってからも、その記憶がくり返しよみがえります。例えば、友達と和《なご》やかにしゃべっていたはずなのに、突然《とつぜん》頭の中によみがえる。そうなるともう意識がそちらに持っていかれて、目の前のことが上の空になってしまう。あるいは、ふと時間が空くとたちまち頭の中がそのことでいっぱいになり、死にたくなる。また、夜眠ろうとするとどうしてもそれが思い浮《う》かび、眠ろうとすればするほどますます克明に思い浮かんで、結局朝まで眠れない……。こんな症状です。

春名　いじめが原因で、そういう症状が現れることもありますか?

松本　僕は、いじめの被害が心におよぼす影響には、侮《あなど》れないものがあると思っています。というのも、僕は以前「自殺」の研究もしていたんですが、中高年の自殺ですら、実は小学生や中学生の頃のいじめ被害が関係している場合が少なくないことがわかっています。

春名　それは、中高年になってもずっといじめられていた記憶に苦しめられていたということでしょうか？

松本　いいえ、おそらくそういうことではないと思うし、これについてはトラウマともちょっと違うと思います。

冒頭《ぼうとう》で話したように、いじめによって追いつめられると、自分までもが自分の敵に回ってしまいます。自分自身の考えや感覚すらも信じられない、世の中すべてが敵に見える状態。そういった自己否定的な考え方や感じ方のクセみたいなものが染《し》みついてしまう、ってことなんじゃないでしょうか。

いじめによって受けた心の傷が大人になってもずっと痛んでいるわけではなく、むしろ傷ついた自分を盛り返そうとがんばって、大人になってそこそこ成功して、それでもなお世の中を「敵と味方」の図式に分ける考え方から抜け出せない、というかね。そうなると、別に勝ち負けなど関係ない局面でも、すぐ「負けた」と感じてしまう。だから、一見強くなったように見えても、ある程度の力が加わると簡単にポキッと折れてしまうんです。こうした考え方のクセ、いわば「思考の轍」のようなものが、いじめの後遺症といえるかもしれません。

春名　すべてを敵と味方の図式に置き換《か》えるのって、ものすごくしんどいことですね。

松本　心に深い傷を負って自己否定の塊《かたまり》のようになってしまった人は、僕たち精神科医との会話においても何かと反発しがちで、バトルに引き込もうとする傾向《けいこう》にあります。会話の手《た》綱《づな》を自分が握《にぎ》っていないとどこに持っていかれるかわからない、という不安があるんだろうなと思います。

春名　一度刻まれてしまった思考の轍を、消したり、方向転換《てんかん》したりすることは可能なんでしょうか？

松本　もちろんです。自分自身で「あ、またやってる」と気づいたり、悪いクセが出る前に注意したり、もしくは考え方を変えていくこともできます。ただし、それにはやっぱり時間が必要です。自分が今いる場所が安全で、応援してくれる人がいて、自分はすべてにおいて優《すぐ》れているわけじゃないけれど優れている部分もある、というふうに思えるようになれば、見通しは明るいと思います。

心身が悲鳴を上げたら、すぐ休もう

春名　本当につらいとき、精神医療は心強い応援団になるということがわかってきました。でも、中学生にとって精神科の病院に行くのはやっぱり抵抗《ていこう》があることです。

松本　そうですね。仮に自分の意志で受診《じゅしん》したいと思ってくれたとしても、中学生が一人で来院するのは現実的には難しくて、そこが僕たち医療機関の弱いところです。医療機関ですから健康保険証が必要ですし、お金もかかります。どうしても親に連れられてとか、スクールカウンセラーにすすめられてというパターンがほとんどですね。

春名　でも、親が早い段階で心の傷に気づけるとは限りません。

松本　親が気づくのは不眠《ふみん》や体調不良、あるいは薬物依存など、何らかの症状が現れてからでしょう。しかも、すでにその状態がかなり長く続いている段階である場合がほとんどです。

春名　本来は、なるべく早めに対応するのがいいんですよね？

松本　例えば、夜眠れないとか朝学校に行こうとするとお腹が痛くなって下痢《げり》するとか、そういう心や体の症状が現れたらすぐに休んだほうがいいと思います。

春名　そういうのが2、3日続いたら、ですか？

松本　いや、1日でもいいんじゃないかな。それはもう、心身が悲鳴を上げているサインなので。体に症状が現れたときにはもう限界に達しているということですから、医療につながることを考えてほしいです。

春名　ちょっと心が弱っているかもしれない、ということを、うまく大人に伝えるにはどうしたらいいでしょうか。

松本　医療につながりたいのに、親にいえない。親にいったら動転しそう、もしくはキレられそう……そんなときは、自分の弁護士をつくる必要があると思います。これは本当の弁護士じゃなくて、自分の味方になって、自分と親の間を仲立ちしてくれる人という意味です。

　誰が適任かはケース・バイ・ケースで、担任の先生がいい場合もあるだろうし、同じ学年の別の先生がいい場合もあるだろうし。まったく目処《めど》がつかないというときには、スクールカウンセラーが助けになると思います。スクールカウンセラーは、基本的にはすべての公立中学校に配置されているはずです。スクールカウンセラーにうまくつながれないときは、保健室の先生に相談するのもいいかもしれません。スクールカウンセラーや保健室の先生はそういう問題の専門家ですし、うまく伝えてくれるんじゃないでしょうか。

春名　スクールカウンセラーや保健室の先生にお願いするのも、それはそれで勇気がいりそうです。

松本　一人でも味方になってくれる友達がいたらラッキーですよね。その子に間に入ってもらってワンクッション置く方法もありますし、あるいは友達に一緒に来てもらうと話しやすい場合もあるでしょう。

春名　そうやって精神医療にかかることができたとして、病気だと見なされると病名がつくわけですよね？　正直なところ、一体どこからが病気なのか、よくわからないように思うんです。病気とそうでない状態の境目って、何ですか？

松本　こんなことをいうとまた詐欺師呼ばわりされそうですが、とりわけ心の病気の場合、病気であるかないかについて白黒はっきりさせる必要はないと思っています。

春名　では、何のために病名をつけるんですか？

松本　病名がつくことで有利になることがあるんです。例えば、医療機関では健康保険が使えます。カウンセラーにかかると安いところでも1時間に5000円、高いところだと2万円くらい必要ですが、医療機関である病院の精神科なら、初診《しょしん》は別としても2回目以降の診《しん》療《りょう》はうんと安い金額、1000円ちょっとで済みます。また、通院費をさらに安くするための手続きも可能になります。それから、精神障害の年金を受け取るのにも役立ちます。

春名　病名がつくことで「ほっとする」みたいな心理的なメリットだけでなく、具体的なメリットがあるんですね。

松本　さまざまな制度を使って少しラクに生きられるようにしたいというとき、病名、すなわち僕たちの出す診断というものが役立ちます。逆にいうと、それを必要としていない人にとって、病名は必要ありません。極端《きょくたん》にいえば、正常と異常の明確な境目など存在しないんです。

春名　責任感や義務感の強い人ほど会社や学校を休めなかったりしますけど、そういう場合も医療による診断は役立ちそうです。

松本　そういう人にとっては大事なことですね。「バカとハサミは使いよう」ならぬ、「医者とハサミは使いよう」です（笑）。

サポーターを使い分けよう

春名　松本先生がおっしゃったように「一人でも味方になってくれる友達がいたらラッキー」だなと、ぼくも思います。でも、友達の立場になって考えると、心にダメージを受けた子にどう接すればいいのか、難しく感じるかもしれません。

松本　シンプルに「あなたは間違ってないと思う」もしくは「助けられなくてごめん」などと伝えるだけでも、大きな支えになると思います。

春名　一緒に闘えなくても？

松本　無理することはありません。「闘えなくてごめん」でいいんじゃないでしょうか。

そういったメッセージは、みんなが見ているグループＬＩＮＥなどに送らなくても、別ルートで伝えればいいと思います。もしかしたら返事はないかもしれませんが、届いているはずです。周囲がすべて敵に思えているときに、そうじゃないんだと思えるメッセージが届いたとして、嫌な気持ちになることはないんじゃないでしょうか。

春名　不登校になった友達の場合はどうでしょう？　連絡《れんらく》すると、負担をかけてしまうでしょうか。

松本　連絡したい気持ちがあるなら、僕はしてあげたほうがいいと思いますよ。

春名　よかれと思って何かしたときに、激しく突き返されると傷つきますよね。そういうとき、どう受け止めたらいいんでしょう？

松本　「うるさい！」とか「余計なことするな！」と突き返されたら、「ごめん」といって去ればいいんです。たぶん、怖かったんだろうな、今はそういう状態なんだなって。おそらく「もうこれ以上弱くなれない」と自分を追いつめているんだろうと想像してみてください。ヤマアラシが全身の針を突き出して、目一杯威嚇《いかく》しているみたいな感じ。そういうときって、同情されたくないですよね。

激しく突き返されたとしても、おそらく、そんな悪いことにはならないはずです。善意の声は、相手のどこかに残っていると思います。

春名　少し時間を置いて、また連絡してみるとか？

松本　あるいは「嫌な思いをさせてごめんね。でも、何か助けになれることがあったら連絡して」と、待ちの姿勢に転じるのもいいかもしれません。

春名　突き返されてショックを受けるのは、こちらが望むリアクションを勝手に期待しているからですよね。最初からその期待値を下げておけばいいのかも。

松本　本人の立場になってみれば、仕方ないと思うんです。いじめられて、心が傷ついて、とことん弱っているときに、今度は「助けてあげる」といわれて「わぁ、ありがとう」っていわなきゃいけないなんて……。せめてそこはパーンと突き返して、イキっちゃいたい。

春名　必ずしも受け取ってもらえると思わないほうが、こちらも声をかけやすくなりますね。

松本　そうですね。でも、きっと伝わっていますよ。

春名　「自分の弁護士をつくる」というお話もありました。これは、信頼《しんらい》できる大人につながる、ということですよね。でも、この「信頼できる」が問題です。一体どういう大人なら信頼できると思いますか？

松本　目安は、正論を振《ふ》りかざして説教しない人、です。自分の考えを押しつけない、変化を強要しないってことでもありますね。それから、「俺《おれ》のときはこうだった」などと武勇伝を語る人は要注意です。

さらに一歩進んで、正論を振りかざしたり武勇伝をぶちまけたりしないとはどういうことなのかと考えると、たとえ子どもであっても一人の人格として尊重する人、ということだと思います。

春名　スクールカウンセラーや保健室の先生はそうである可能性が高い、ということですよね。松本先生のような精神科医も含めて、そういう方々は「心の支え」として強力なサポーターになりますね。

それとは別に、例えば加害者側にアプローチしたり弁護士に一緒に相談に行ったりしてくれるような「闘いの支え」としてのサポーターもいたらいいなと思いました。

松本　まったくその通りだと思います。その二つを使い分けることができたらいいですね。

SNSはセラピー空間でもある

春名　ところで、松本先生はＳＮＳの「裏アカウント」（メインのアカウントとは別の、あまり表に出さないアカウント。略して「裏アカ／裏垢《うらあか》」）賛成派だとか？　裏アカで毒を吐《は》くのが、心の傷を癒すのに役立つってことですか？

松本　うーん、回復法とはいえませんから、いってみれば「憂《う》さ晴らし法」ですね。

春名　でも、精神科医の立場から見て一定の効果があると？

松本　「治療」という意味での効果は期待できないですが……。実際、僕の患者さんの中には裏アカをやっている人が意外に多いんです。彼《かれ》らを見ていると、そういうのもいいのかなっていう気がするんですよね。

　というのも、裏アカを使って自分の心の中の毒を吐き出している人って、診察《しんさつ》室の中でも自分の状況や困っていることを僕たちにはっきりと伝えてくれるんですよ。本当に深く傷ついた人というのは、自分の悩みや苦しみを言葉にするのが苦手なことが多いんです。だけど、彼らは裏アカを通して自分の気持ちを言語化する練習をしているから、僕たちにもわかりやすく話してくれる。そうすると、彼らのことをより理解できるし、本人にとって好ましい反応を返すことができるようになります。

　それに、自分の感じていることを言葉にすることで、その感情から少し距離《きより》が置けることって、ありますよね？　ムカつくことがあったとき、誰かに「こんなことがあってさー」と聞いてもらうだけですっきりしたりするじゃないですか。吐き出すことで、感情の圧が下がるというか。それを何度もくり返すことで、感情の渦《うず》に巻き込まれずに、渦を俯瞰《ふかん》できるようになる。つまり、自分を客観的に見られるようになるんだと思います。

　そういう意味で、裏アカは憂さ晴らしになると同時に、相談スキルを上げてより好ましいサポートを受けるのにも役立つわけです。もちろん、特定の個人を誹謗中傷するような書き込みはよくないですが、世の中を呪《のろ》うのはかまわないんじゃないかな、と。

春名　ご自身の患者さんの裏アカを見せてもらったこと、ありますか？

松本　ないです、ないです。鍵《かぎ》つきのアカウントだろうし、医者の悪口をいいたいときもあるだろうし（笑）。やっぱり、主治医にも知られない自由があると思います。だから、僕が自分の患者さんをフォローすることはありませんし、フォローされないようにもしています。

春名　気になるのは、負の感情を吐き出すことで「類は友を呼ぶ」ことにならないか、という点です。そこがだんだん鬱々《うつうつ》としたネット空間になってしまわないかな、って。

松本　それは何ともいえないですね。確かに、よくない状況になることもあり得ます。例えば、そのグループの中で自分を傷つける行為が伝染して、流行して、誰がいちばんひどく傷つけるかを競いはじめたり……。そうやって誰かが命を落としてしまうような事態になると、グループの存在自体がすごく非難されます。

でも、心に傷を抱えた人同士が「つらい」「しんどい」「死にたい」といえる空間を共有することを、いけないことだと安易に切り捨てることもできないように思うんです。だって、そこで助かっている人たちが絶対にたくさんいるはずだから。

春名　そうですね。そういう人たちがいることも確かだと思います。

松本　近年話題になった「トー横キッズ」にも重なるところがあると思います。新宿の歌舞《かぶ》伎《き》町の一角にたむろする若者たちが、一緒にリストカットをしたりオーバードーズ（薬物の過量摂取《せっしゅ》）をしたりして問題視されました。次第に社会問題化して「トー横をつぶせ」という論調になり、児童相談所の人が乗り込んで若者たちを自宅に帰すんだけど、みんなすぐ戻《もど》ってきてしまう。

僕からすると、トー横にたむろする若者たちは自傷行為にハマっているわけでも薬物依存症になっているわけでもなく、「トー横依存症」のように見えます。じゃあ、なぜトー横に依存するんでしょう？　それは、はじめて自分が認められた場所だからじゃないでしょうか。人間って、認められることがいちばん気持ちいいんです。

インターネットにもそういう要素があって、ＳＮＳ上で飛び交う言葉の表面だけを見ているとひどいと感じるところもあるけれど、そのひどさに安心したり助けられたりしている人もいるんだろうと思います。

春名　心身ともに健康な友達に打ち明けても「そんなの気にすることないじゃん！」って一笑されてしまう悩みを、傷を抱えた者同士なら黙《だま》って聞いてくれる……そういう側面はあると思います。でも、一歩間違えば命を落としたり犯罪に巻き込まれたりする可能性もあり、そういう点は心配です。

松本　僕はね、毒を吐ける裏アカのような場所は、実はある種の「セラピー空間」だと思っているんです。セラピー空間とは何かというと、「非日常」です。だからこそ、そこではいろんなことを正直に話せるわけで、そのためにはリアル（日常）では絶対に会わないというルールがあったほうがいいと考えています。

　僕たち精神科医やカウンセラーには職業的な倫理《りんり》があって、自分たちがセラピーで関わっている人と診察室以外の場所で会うことは禁じられています。一緒に飲み会に参加したりプライベートで会ったりなど、絶対にしてはいけないんです。街中で偶然《ぐうぜん》すれ違ったとしても、こちらからは会釈《えしやく》すらしません。なぜなら、僕たちは非日常の存在だから。患者さんにとって、現実の登場人物ではないんです。

　それと同じで、裏アカを自分にとっていいセラピー空間にしておくには、もっといえばその場所で正直であり続けるためには、そこで出会った人たちとはリアルで会わないことです。

春名　顔写真も出さないほうがいいですよね。

松本　アバターやイラストにしたほうが、正直でいられますよね。ビデオ通話などもしないほうがいいと思います。

　リアルで知り合いになったり大切な人になったりすると、なぜ困るのか。それは、その人を傷つけたり失ったりするのが怖くて正直になれなくなるからです。親や兄弟、リアルな友達に「死にたい」といえないのは、その人を傷つけたり困らせたりしたくないからでしょう。正直になることで、その人との関係を壊《こわ》したくないんですよね。

　だからぜひ「顔を出さない」「リアルで会わない」というルールを設けて、本当に正直でいられる、自分にとっていいセラピー空間を保ってほしいと思います。

春名　リアルな自分を隠し通すことで、正直になれる。それはSNSならではのメリットですね。とはいえ、自分の心の傷を認めてもらえたら、今度は自分自身を認めてほしくてどんどん個人情報をさらしてしまうのかも。そうやってエスカレートすればするほど、本当はいちばん見せたかった部分が見せられなくなってしまうのに……。

松本　セラピー空間では、愛されようとしちゃダメですよね。

春名　癒されるためには、愛されようとしてはいけない……？　それって、どういうことですか？

松本　「癒される」というのは、一人の人間として尊重されるってことだと思います。一方、「愛される」というのは、自分だけを見てほしいってことですよね。相手を独り占《じ》めしたくなるし、もっと自分を押し出したくなる。こうなると危険です。正直になることよりも相手の気を引くことに力を注いでしまうから、癒しからは遠ざかっていきます。

加害者にも寄り添うべきか

春名　加害者側の心の問題についてもお聞きしたいです。

松本　これはSNSいじめではなくリアルないじめの話ですが、いじめの加害者の多くが、実は別の場所では被害者なんです。親から虐待されたりネグレクトされたりして、家庭において被害者の立場に置かれていることが少なくありません。それによって「敵と味方」の考え方に囚《とら》われるようになり、負けてばかりの自分が勝てる場所を探し出し、ここぞとばかりにやり返す。本当に悲しい被害と加害の連鎖《れんさ》をやっているんです。

　だから、本来は加害者にも精神医療的アプローチが必要だと思います。ただ、精神医療のセラピーを受けることは、自分が傷ついていることや弱っていることを認めることでもあります。加害者にそれを求めるのは、なかなか難しいことです。

春名　実際に加害者を治療したことはありますか？

松本　例えば、DV（夫（妻）など親密な関係にあるものから振るわれる暴力）の加害者が離婚《りこん》を避《さ》ける条件として治療を受けに来ることはあります。それから、体罰《たいばつ》で問題になった教師が教育委員会の指示で治療を受けに来たこともありました。ただし、いずれの場合も、加害者本人が加害行為をやめたくて精神医療にかかったわけじゃありませんよね。正直いって、彼らに罪の意識があったかというと、かなり疑問です。体罰教師も「自分は100パーセント悪くない」と思っているのがありありと伝わってきました。何なら「俺が部活で部員を体罰しているおかげで、全国大会に行けたんだ」くらいに思っている。けれど、教師をクビになったら困るから嫌々来ているだけ。こういう状況では、本当の意味での治療はできないんです。

春名　本人の自覚がなければ無意味なんですね。

松本　まったく別の理由で治療をしている中で、かつての加害行為を吐露《とろ》する人はいますけどね。「感情が爆発《ばくはつ》してスイッチが入ると、自分でもどうにもならなくて殴《なぐ》ってしまいました」とか、「SNSで嫌がらせをしていた時期があります」とか。

春名　日本では、いじめの加害者を精神医療につなげることはほとんどありませんよね。

松本　海外では積極的に行われているところもあるようですが、それが本当に効果を発揮するのかどうか、まだよくわかっていません。加害者が自発的に受けるのなら意味があると思いますけど、規則だから仕方なく、という感じではどうなんでしょう。そういう体験がかえって精神科医やカウンセラーに対する嫌悪《けんお》感を生み、人生でもっとつらくなったときに「精神医療だけは嫌だ」みたいにならないといいな、と思います。

春名　加害者へのアプローチって、本当に難しい……。

松本　かつて、こんなケースはありました。虐待の被害者として児童相談所に保護された子が、児童相談所の指示で僕のところへやってきたんです。最初は渋々《しぶしぶ》診察を受けていたものの、ここでは責められない、味方をしてもらえるんだとわかったときに、自分がこれまでにやってきた、自分の弟に対する加害行為を少しずつ話してくれたんです。

春名　加害者へのセラピーがはじまったんですね。

松本　でも、こうやって僕たちが加害者に寄り添うのって、被害者から見ると複雑な心境になるものだと思うんです。いじめもそうですが、例えばそれが性犯罪の加害者へのセラピーだった場合、被害者やその家族がいい気分になるはずがありません。でも、寄り添わなければセラピーになりませんし、再発を防ぐこともできない。いつも悩ましく感じています。

心の傷は、きっと個性

春名　ぼく自身、まだ回復途中《とちゅう》にあるというか、心の傷を抱えています。この傷は、いつか治るものなんでしょうか？

松本　心の傷がとても深刻で、自分がバラバラになってしまうほどひどい……という人はいて、そういう場合は僕たちが一生懸命治療しなくちゃいけないと思います。でも、そういうことではない心の傷の場合はどうでしょうか。そもそも、誰もが大なり小なりいくつもの傷を抱えていますよね。心の傷とまったく無縁《むえん》のままで生涯《しょうがい》を終える人のほうが、稀《まれ》というものでしょう。

そう考えると、僕は、傷をきれいに治すのがゴールではないように思うんです。治すべきものというより、つき合うものだと思うし、もしかするとその傷がその人の個性かもしれない。僕たちの性格というのは、たぶんそういう傷の上に土台が組まれてできているんじゃないでしょうか。傷が悪く出てしまうこともあれば、よく出ることもある。それでいいんじゃないかな、と思うことが多いです。

春名　自分の傷に向き合わなくてもいい、と?

松本　すぐに向き合ってどうにかしたほうがいい、と主張する人もいるけれど、僕はそうじゃないと思います。向き合える時期があると思うし、最もしんどいときには蓋をして乗り切ったっていいと思います。

少し話がそれるかもしれませんが、自死遺族の人たちの場合もやっぱり時間が必要です。大切な人を自殺で失った家族が、亡くなった人のことを話せるようになるには、もちろん人によりけりですが1年、あるいは3年くらいかかったりします。

では、その間に家族はどう過ごしているかというと、多くの人は「仕事に没頭《ぼっとう》していた」といいます。職場の人が以前と変わらず、普通に接してくれたのがいちばんありがたかったって。いいかえるなら、心の傷

に蓋をしてさわらないまま、最もつらい時期を乗り切ったということです。1年や3年経ったときにようやく、亡くなった人が夢に現れるようになったり、涙《なみだ》が流れたりするようになる。そうやって少しでも故人について語りたいと思えたときが、心の傷に向き合えるときなんだと思います。

春名　「少しでも語りたいと思えたとき」というのが、よくわかります。

松本　おそらく亡くなった直後にカウンセラーがやってきて「さあ、話してください」と迫《せま》っても、かえって具合が悪くなったでしょうし、下手をしたらそのことがあとあとまで引きずる深い傷になったかもしれません。

　だから、心の傷の癒し方は人それぞれ。無理に治そうとしたり、向き合おうとしたりしなくても大丈夫です。気長につき合っていくうちに、いつしかそれが個性になるかもしれないし。だけど、どうもうまく馴染《なじ》めないなというときは、医療という選択肢があることを思い出してくれたら。

春名　松本先生が考える「健康な状態」って、どういうものですか？

松本　ちょっと不健康な状態だよね（笑）。

春名　ん!?

松本　僕、お酒も飲むしタバコも吸うし体に悪いことが大好きだから、こんなふうに考えるのかもしれませんけど。特定の主義の人を批判するつもりはありませんが、やたらと健康にこだわる人、いるじゃないですか。食べものから生活習慣、居住空間に至《いた》るまで、何もかも完璧《かんぺき》に健康的にやろうとする人。そういうのを見ると、「うわ、病んでるな」って思っちゃうんです（笑）。人はちょっと不健康なくらいなのが健康なんじゃないですかね。

春名　ちょっと怠《なま》けたり、ちょっと偏《かたよ》ったりしているくらいがいい？

松本　いけないとわかっていても、夜中にこってりしたラーメンを食べちゃうとか。

春名　よくやります（笑）。

ぼく自身、自分のことを健康だと思いたかったし、最終的には死んでないからいいよねって自分を励《はげ》ましているところがあったんです。でも、ある人に「健康な人は『死にたい』なんて思わない」っていわれて、「本当か!?」って思っていたんです。

松本　そういう人には近づきにくいよね。

もちろん、外科や内科の医者だったら「健康とは○○である」と違う言葉が返ってくるんだろうけど、僕、精神科医だから。完全無欠の健康優良児みたいな人ほど、闇《やみ》を抱えているように思えてしまう。それに、傷ついたこともないし、死にたいと思ったこともなくて、すぐに心のパンツを脱《ぬ》げるような人っていうのは、僕だったら自分の悩みを打ち明けにくい気がする。

心に傷を負った経験は、人に対しての敏感《びんかん》さとかマイノリティに対する共感能力を養います。傷だらけで少々不健康だったとしても、僕はそういうものを備えた人のほうが、人間として上品だと思いますけどね。

memo

松本先生が教えてくれたこと

ぼくはずっと、どうすればいじめの加害者と闘うことができるかを考えてきた。だから、松本先生のような、すべてを受け止めたうえで被害者を支える立場にある人との話はとても新鮮《しんせん》だった。そして、心の専門家だけでなく、ぼくたち一人一人も身近な人の支えになれる。そう知ることができたのは、大きな収穫《しゅうかく》だった。

✔闘う応援団と、支える応援団

ぼくはこれまで、SNSのDMなどでいじめにまつわる相談を受けたとき「こういう闘い方があるよ」とアドバイスしてしまっていたと思う。でも、精神医療のアプローチを知ることで、どんなタイミングでどんなふうに向き合うかはそれぞれの選択で、闘うだけがすべてじゃないと反省した。探偵《たんてい》や弁護士のように、具体的な解決策を考えて一緒に闘ってくれる人もいる。精神科医やカウンセラーのように、心の支えとして寄り添ってくれる人もいる。そのどちらにもアクセスしやすいよう、社会のシステムが整っていけばいいなと思った。

そして、精神医療のアプローチは、いじめの加害者側にも必要だ。だけど、本人が罪を自覚していない限り意味がないというのも納得できて、難しさを痛感した。だとしたら、その自覚を持ってもらうことが本当の闘いなのかもしれない。

✔裏アカをセラピー空間にする

SNSの裏アカも、うまく使えば自分にとって役立つセラピー空間になるって、おもしろいなと思う。「自分」って、よくわからない不確定なものだよね。友人関係とか恋愛《れんあい》関係とか、それまで当たり前だと思っていたものが突然崩《くず》れて、自分がどこにいるのかすらわからなくなるときがある。そんなとき、裏アカを使うことで「どこにでも行ける自分」になれるんじゃないかな。ただし、顔や個人情報を出さないというルールは守ってほしい。「癒されるためには、愛されようとしてはいけない」という松本先生の言葉は、胸にささった。

✔自分の考え方のクセを知ろう

松本先生と話していて、ぼく自身「回復しなくちゃ」と焦っていたことに気づいた。だけど、「ちょっと不健康なくらいなのが健康」っていう言葉がヒントになった。ぼくにとっては「回復しなくちゃ」とやきもきしている状態が、健康なのかも。つまり、健康っていうのは、自分の考え方のクセを知っているってことなのかな、と思ったんだ。

普段《ふだん》からコンプレックスに思っていることって、人に指摘《してき》されるとすごくカチンと来るよね。でも「カチンと来るけど、この人にとってはきっとどうでもいいことで、悪意はないんだろうなぁ」というところまで考えられたら、たぶん健康だ。自分のクセを認めるってことは、心の傷を個性にするってことなんだろう。そうできたら、すごくラクになると思う。

おわりに

先日、久しぶりに実家に帰った。16歳《さい》の終わり頃《ごろ》、仕事のために一人暮らしをはじめて以来、1年に1度くらいの頻度《ひんど》でしか帰省していない。

家族みんなで暮らしていた頃《ころ》の面影《おもかげ》は段々と消え去って、父、母、弟の3人用に整理されていく実家は、ぼくにとってはもう、他人の家のような感覚になっていた。

深夜に昔の自分の部屋を片づけて、リビングで仮眠《かみん》して、朝になったら一人暮らしの家に帰ろう。

そう思っていたのに、いつのまにかぐっすりと眠《ねむ》ってしまっていて、目が覚めたときには翌日の昼を迎《むか》えていた。隣《となり》の部屋にいたはずの母はもうパートに出かけたようだった。

冷蔵庫から卵、炊飯器《すいはんき》からお米を失敬《しっけい》して、卵かけご飯を食べ、さて、帰ろうと立ち上がったとき。

たまたま、夕方からの出勤日だった父が、眠たげな目を擦《こす》りながらリビングに降りてきた。

「お！　風花まだいるじゃん！」

うれしそうにいうと、父は何かいいことを思いついた、という顔をして、上の自室で寝《ね》ていた弟に向かって大声で叫《さけ》んだ。

「パンケーキ食べよう！」

普段《ふだん》、袋《ふくろ》ラーメンと卵かけご飯をつくるとき以外はほぼキッチンに立たない父が、子どもたちのために唯一《ゆいいつ》振舞《ふるま》ってくれる料理が、パンケーキだった。あまりにも父がはりきっているので、帰るタイミングを失ったぼくは、起きてきた弟と共に謎《なぞ》のダンスを踊《おど》りながら、卵白を泡《あわ》立てるのがうまいね、と父を褒《ほ》めた。

食卓《しょくたく》に並んだお皿に、父のパンケーキが積み上がっていく。

これはいい焼き色になった、これは焦《こ》げちゃったから俺《おれ》が食べる、これは絶対美味《おい》しいぞ！

普段無口なくせに、すべてのパンケーキにひとことコメントしてくる父に、ちゃんと、この端《はし》のちょっと焦げてるところが美味しい、これはモチモチ食感、これは理想の焼き加減！と返してやると、まだ一枚もパンケーキを食べていない父が、誰《だれ》よりもうれしそうに笑っていた。

生と死の思考でいっぱいになっていた小学生のときも、こんな日があった。

なんで小学生のぼくはあんなにも、孤独《こどく》を感じてしまっていたのだろう。

あの頃は、自ら人を拒絶《きょぜつ》してしまっていた。それなのに淋《さび》しくて、スマホ画面の中の声にばかり耳を傾《かたむ》けていた。

いい意見も悪い意見もすべて受け止めようとして、失敗して、現実世界の自分の周りの人々のことを、ちゃんと見ていなかった。誰も助けてくれなかったんじゃない。誰にも助けを求めなかったし、差し出されていた手に気づいていなかっただけなんだ。誰よりもぼく自身が、ぼくのことを孤独にしてしまっていたんだ。

生きていてよかった。

10年経《た》って、ようやくそう感じられるようになった。

今、孤独を感じている人も、たくさんいると思う。でも、この世界には人間が80億人以上もいる。

日本だけでも、1億人以上もの人々が暮らしている。

果たして、ぼくらはこれまで、何人と出会うことができたのだろう。あなたを苦しめている人々は、この世界の1パーセントにも満たない存在だと思う。そんな人たちのために心をすり減らすのは、もったいないのではないだろうか。大切にしたいものたちだけを見て生きたって、いいんじゃないだろうか。

この本は、心の守り方、闘い方。そういったさまざまな〝方法論〟を、専門家の方々にうかがってまとめたものだ。

でも、ここに書いていない手段を使ったっていいし、ただ時間がすぎ去るのを待ったっていい。

あなたの笑っている顔を、うれしそうに見てくれる人たちのために、その命を使ってください。

ぼくは、この本を読んでくれたあなたの笑顔が見られる日を心待ちにしています。

ずっと、待っています。

いつか、会いに来てね。

ぼくは一人でがんばって生きているきみのことを、愛してるぜ!!!

深呼吸して、自分の闇《やみ》をゆっくりと抱きしめてあげてください。
あなたががんばらなくても生きていられる日が来ることを、願っています。

春名風花

対談者紹介

篠塚将行（しのづか・まさゆき）

千葉県出身。作詞家・作曲家・文筆家・哲学家。敬愛するバンドはNIRVANA、Sigur Rós、Radiohead、eastern youth。自身が結成したパンクバンド“それでも世界が続くなら”で2013年にメジャーデビュー。自身のいじめや不登校等の実体験を基にした世界の矛盾を暴くようなリアルな日本語詩に、グランジとパンクロックとシューゲイザーを混ぜたような日本語ダウナーロックで、自主制作のデビューアルバムが異例のタワーレコード全店J-INDIESチャート1位を獲得。以降、VIVA LA ROCK、ARABAKI ROCK FEST.、RADIO CRAZY等に出演。bloodthirsty butchers Tribute Album「Yes, We Love butchers ～The Last Match～」に参加。バンド活動と並行した執筆活動の他に、総合音楽プロデューサー、レコーディングエンジニア、映画音楽製作等の活動も行っている。著書に『君の嫌いな世界』（LUCKAND）がある。
http://www.soredemosekaigatsudukunara.com/
https://twitter.com/sino_sstn

たかまつなな

1993年、神奈川県生まれ。株式会社笑下村塾代表取締役、時事YouTuber。時事YouTuberとして政治や教育現場を中心に取材し、若者に社会問題を分かりやすく伝える。株式会社笑下村塾を18歳選挙権をきっかけに設立し、出張授業「笑える!政治教育ショー」「笑って学ぶ SDGs」などを全国の学校や企業、自治体に届ける。フェリス女学院出身のお嬢様芸人としてデビュー、「エンタの神様」「アメトーーク!」「踊る!さんま御殿!!」等に出演、日本テレビ「ワラチャン!」優勝。「朝まで生テレビ」「NHKスペシャル」等にも出演し、若者へ政治意識の向上を訴える。著書に『政治の絵本』（弘文堂）、『お笑い芸人と学ぶ13歳からのSDGs』（くもん出版）がある。

阿部泰尚（あべ・ひろたか）

1977年、東京都生まれ。東海大学卒業。T.I.U.総合探偵社代表、NPO法人ユース・ガーディアン代表理事。日本メンタルヘルス協会公認カウンセラー。2004年、探偵として初めて子どもの「いじめ調査」を行い解決に導く。以降6000人以上（2018年12月時点）の相談を受け、400件（2018年12月時点）に上るいじめ案件を手がけ収束・解決に導く。いじめの実態に最も近い第三者として多くのメディアから取材を受け、現在も精力的に活動を続けるほか、国内唯一の長期探偵専門教育を実施するT.I.U.探偵養成学校の主任講師・校長も務める。著書に『いじめと探偵』（幻冬舎新書）、『保護者のための　いじめ解決の教科書』（集英社新書）などがある。

田中一哉（たなか・かずや）

東京都出身。弁護士。早稲田大学商学部卒業、筑波大学大学院システム情報工学研究科修了（工学修士）。東京弁護士会所属。法とコンピュータ学会、情報ネットワーク法学会会員。現在はサイバーアーツ法律事務所所属、インターネット関連事件を専門に受任している。著書に『最新　プロバイダ責任制限法判例集』（共著・LABO）がある。

松本俊彦（まつもと・としひこ）

1967年生まれ。精神科医。国立精神・神経医療研究センター精神保健研究所薬物依存研究部部長。佐賀医科大学卒業。横浜市立大学医学部附属病院精神科、国立精神・神経医療研究センター精神保健研究所司法精神医学研究部、同研究所自殺予防総合対策センターなどを経て現職。著書に『薬物依存症』（ちくま新書）、『誰がために医師はいる』（みすず書房）、『世界一やさしい依存症入門』（河出書房新社）、『自分を傷つけずにはいられない　自傷から回復するためのヒント』（講談社）他多数。訳書にフィッシャー『依存症と人類』（監訳）、ターナー『自傷からの回復』（監修、以上みすず書房）、カンツィアン他『人はなぜ依存症になるのか』（星和書店）他多数。

著者紹介

春名風花（はるな・ふうか）

桐朋学園芸術短期大学演劇専攻。0歳からCMや映画に出演し子役、モデルとして活躍する。3歳でブログを書き、9歳でTwitter（現X）アカウントを開設、“はるかぜちゃん”の愛称で親しまれる。社会問題、政治、芸能など幅広い分野について語り注目を浴びるなか、炎上や嫌がらせも経験。本人と両親に対する誹謗中傷等に対して民事で訴えを起こし、2024年5月勝訴。現在は舞台を中心に映画・アニメ・海外ドラマの吹き替えなどマルチに活躍。劇場版『みつばちマーヤの大冒険』、劇場版『おおかみこどもの雨と雪』、劇場版『パシフィック・リム：アップライジング』など出演多数。いじめや社会問題にも向き合い、各方面で精力的に活動中。

14歳の世渡り術

ネットでいじめられたら、どうすればいいの？

5人の専門家と処方箋を考えた

2024年7月20日　初版印刷
2024年7月30日　初版発行

著　者　春名風花

取材・構成　永岡綾
イラスト　フジマツミキ
ブックデザイン　高木善彦（SLOW-LIGHT）

発行者　小野寺優
発行所　株式会社河出書房新社
〒162-8544 東京都新宿区東五軒町2-13
電話　(03)3404-1201（営業）／(03)3404-8611（編集）
https://www.kawade.co.jp/

印刷　TOPPANクロレ株式会社
製本　加藤製本株式会社

Printed in Japan
ISBN978-4-309-61765-7